JN224398

教育プロジェクトマネジメント

教育を変える
国際標準マネジメント手法

PMI日本支部関西ブランチ医療プロジェクトマネジメント研究会
川崎医療福祉大学　医療秘書学科・大学院　　共編著

大学教育出版

教育プロジェクトマネジメント
教育を変える国際標準マネジメント手法

目　次

本書を書くに至ったいきさつ（まえがきに代えて）

第1章

　医療プロジェクトマネジメント研究会が、なぜ「教育現場のプロジェクトマネジメント」を？　何かの間違い？

　そうなのです。本書の内容は、医療分野のプロジェクトマネジメントを深く追求しているうちに得られた「副産物」なのです。しかし、その副産物はたいへん大切なものでした。そして、さらに研究を続けるにつれ「これは世に出し、教育に携わる先生方、そして次の時代を担う学生（以後、生徒も含めて学生と記述）の皆さんのお役に立てるに違いない」と確信するようになり、熱意と心を込めて本書を書きました。

　我々は病院に電子カルテを導入するために、国際標準のプロジェクトマネジメント手法を採り入れようと研究を始めたのが2009年でした。その頃はまだ、病院に電子カルテを導入するプロジェクトが今ひとつうまくいかず、その問題に頭を抱えていた医療現場の医師、検査技師、電子カルテメーカー、ITコンサルタント…さまざまな人が集まってこの研究会を立ち上げました。「洗練された国際標準のプロジェクトマネジメント手法を使えば、うまくいくはずだ……」。皆の願いは同じでした。

　そのために、4年間、医療組織と一般企業のプロジェクトを比較検討することによって、医療におけるプロジェクトマネジメントの特徴を抽出してきました。2014年、その成果を一冊の本にまとめました。『医療プロジェクトマネジメント～医療を変える国際標準マネジメント手法～』（ISBN: 978-4884123772）です。この本を書いたときに、我々はすでに「入院治療そのものがプロジェクト」であることに気づき、病院現場の「患者さんの入院治療」にも、プロジェクトマネジメント手法が導入できると確信しました。そのためには、より詳細で正確な医療プロジェクトマネジメントの特徴を追究する必要が生じました。

　そこで、我々が採った手法は、医療組織と学校組織におけるプロジェクトマネジメントの違いを比較することでした。つまり、より似た組織（非営利組織）同士を比較することによっ

て、より深く詳細な違いを抽出しようとする試みでした。

その結果、医療プロジェクトマネジメントの特徴が深掘りされると同時に、学校教育における特徴も抽出されてきました。これが副産物と呼んだ理由ですが、抽出された内容を見ると、それは教育分野において、とても大切なことだと感じました。

病院で行われている患者さんの入院治療がプロジェクトであると同様、個々の学生の入学から卒業までの限られた期間、学生一人ひとりに対して行われる学校教育そのものが、プロジェクトの定義に当てはまるのです。それならば、洗練された国際標準プロジェクトマネジメント手法が教育現場にも適用できるはずです。

本書は、教育に関わる皆さんに、プロジェクトマネジメント手法をお薦めするものです。学校での教育において、もっと計画的で効率的な取り組み方ができるのではないか、目的達成に向けて、よりよくコントロールしていく具体的なすべはないか。そして、プロジェクトはチームで行います。ひとりの学生あるいは生徒を中心にして、関係する教員や家族がチームを構成して目的の達成を目指すとき、そのチームの構成、情報共有、用いる道具と使い方、チームの動かし方、そして、進捗の道標とコントロール。こういったものから学生個々に対する教育の成果が生み出されるということを、具体的に実践方法を示してくれるのがプロジェクトマネジメント手法です。

しかもこの本で用いているプロジェクトマネジメント体系は、国際規格 ISO21500 の基になっている、*A Guide to the Project Management Body of Knowledge, (PMBOK® Guide) - Fifth Edition, Project Management Institute, Inc., 2013.* です。通常は、*PMBOK® Guide* と縮めて、ピンボクまたはピンボックと呼んでいます。*PMBOK® Guide* は米国国家規格（ANSI）でもあります。国際標準の洗練された実績のある方法の中から、教育現場に必要な部分だけを取り出して使用することができます。

現在の教育現場では、進学もしくは就職という「目的（ゴール）」や、「教育のカリキュラム」は形として明確に示すことができます。しかし、それぞれのゴールに向けた個々の「学習の進め方」についての実践的で具体的な手法は用意されていません。本書は、「学習の心構え」などのような心の話ではなく、プロジェクトマネジメントの知識を身につけ、実行し、成果を得ることのできる実践の書を目指しています。特に、中学教諭、高校教諭、実学系の大学教員（以下、教員と記述します）の皆さんのお役に立てる内容としています。もちろん、学生の皆さん自らが関心をもってこの知識とスキルを習得し、実行してくれることは大歓迎です。

「教育の目的は進学や就職のためだけではない」とお叱りを受けるかもしれません。確かに

そうです。しかし、目的を明確にし、計画を立て、それに従って粛々と実行し、進み具合を確かめながらゴールに到達する、その1つのわかりやすい例として、本書では受験、進学、就職、国家試験といった例を「目的」に据えて解説してあります。教育の目的を他のものに置く場合は、そのまま読み替えていただけばよろしいと思います。

　教育現場では、アクティブラーニングとして PBL（Project Based Learning, Problem Based Learning など）が採り入れられています。Project Based Learning の Project の意味するものが何か、本書では Project の定義から説明してあります。ただ単に学生にチームを組ませて、何かの課題を実行させて、どんな経験をしましたか？　と、発表させるだけの教育では Project 教育を行ったことにはならない、ということもお分かりいただけると思います。さらに、企業の人材育成担当者にも、十分にお使いいただける内容となっています。

　人事評価に目標管理制度を採用している多くの企業では、業務上の目標と合わせて、業務を下支えする自己啓発の目標も設定するという運用をしています。つまり、1年単位での教育ゴールがあるということです。合わせて、キャリアプランやキャリアロードマップという、年度をまたぐ形での成長の姿を描いてゴール設定をする企業も増えています。企業での人材育成も、学校教育と同じように、期間が定められてゴールがあるのです。ただそのサイクルがスパイラルで繰り返されるため、切れ目なく続くように見えてしまっているだけです。少なくとも目標管理制度において、1年間が最少規模の教育プロジェクトとしてとらえることが可能です。学生と教員という用語が、本人と評価者（上長）という用語に代わるだけです。企業の教育担当の方、および部下を育成する上長の方には、この本の学校教育現場の事例による説明を、企業内の育成現場に置き換えて読んでいただけたらと思います。

　企業においては、業務の傍らでの教育にならざるをえません。業務優先で勉強する、もしくはさせる時間が無いとのお悩みがあると思います。また、成長すれば良いのではなく、成長して業績に結びつけることが必要です。それらの点は、プロジェクトの制約因子や目標達成の阻害要因などが、学校教育現場よりも企業の方が多様で複雑であるにすぎないと考えることができます。なおさらプロジェクトマネジメントの基本に立ち返って、教育プロジェクトとしての愚直な取り組みをお薦めします。

　ぜい、本書を傍らに置き、できるところからすぐに実践してみてください。

第2章 学校教育はプロジェクトそのもの

　そもそもプロジェクトとは何でしょう。テレビ番組で「プロジェクトX」というのがありました。あの番組で取り挙げられていたようなもの、つまり、何か新しいものを作る、何かを成し遂げる、といった類のことでした。それに伴って、何か未知のものに挑戦するというイメージもありますね。

　じつは、プロジェクトには厳然とした定義があるのです。「何か特別な、他にないような物や結果を得るために、それを決められた期間内に達成する業務」のことをプロジェクトといいます。そして、プロジェクトには3つのタイプがあります。まずひとつ目は、物を作りだすタイプのプロジェクト。たとえばオリンピックスタジアムを設計・建築するようなモノづくり型のプロジェクトです。ふたつ目はサービスを生み出すタイプのもの。つまり、研究会の開催や、コンサートのようなサービスを提供するタイプのプロジェクトです。そして3つ目が、受験や就職といった結果を得るためのプロジェクトです。

　学校教育の現場では、教員が「プロジェクト」という言葉に接する機会は少ないかもしれません。しかし、プロジェクトの定義に従えば、教育現場にも様々なプロジェクトが存在します。体育祭、文化祭、遠足、オープンキャンパス、始業式や終業式のようなイベント（サービス提供）型のプロジェクトが多数あります。学校現場にあるプロジェクトは、このようなイベント型だけでしょうか。「○○モデル事業」のような文部科学省や教育委員会から降りてくる事業もプロジェクトと見なせるかもしれません。その他、卒業制作や卒業論文のようなモノづくり型プロジェクト、模擬試験や対校試合のような結果型プロジェクトもあります。このように学校現場には様々なプロジェクトが動いているのです。

　ここで、少し視点を変えて考えてみましょう。大げさに言えば、人生そのものがプロジェクトとみなせます。つまり、生まれてから死ぬまでの有期限性、同じ人生はないという独自性、そして生きた証という結果を残す、まさに結果型プロジェクトです。ただ、人生は単一のプロ

ジェクトとして存在しているわけではなく、無数のサブプロジェクトから構成されます。それらは、受験プロジェクト、就活プロジェクト、結婚式・披露宴プロジェクト、育児プロジェクト等々、大きなプロジェクトがてんこ盛りです。

　これらの中で受験プロジェクトや就活プロジェクトは、教育現場と非常に関係が深いものです。さらに言うと、学校での教育自体もプロジェクトと考えることができます。それは、学校教育は前述したプロジェクトの定義に完全にあてはまるからです。すなわち、入学から卒業までの3年間（大学では4年間、あるいは医学部・薬学部などでは6年間）という有期限性があり、個々の学生の教育には独自性があり、そして、修学達成（受験合格、国家試験合格、就職）という結果を求めており、これらはプロジェクトの定義を満たします。

　しかしながら、本来プロジェクトであるはずの学校教育自体は、プロジェクトとして未だ認識されていないように思います。その理由のひとつとして、学校教育の中心がマス教育の授業であり、教員は授業を「日々繰り返す定常業務」としてとらえているからだと思われます。学校教育をプロジェクトとしてとらえるためには、一人ひとりの学生を中心とする教育として捉え、「期限内の独自性を持った個々の教育」として認識するような、視点の転換が必要なのです。この新たな視点で、以下の事例を考えてみましょう。

　PM学園高校に一人の生徒が入学してきました。彼を仮にA介君とします。A介君の実家は調剤薬局を経営しており、A介君も将来は薬剤師になりたいと考えています。PM学園高校は中堅進学校で、国立大学医・歯・薬学部を狙える学校です。A介君の学校生活は、高校3年間という有期限性、A介君の国立大学薬学部合格という独自性のある教育と、その結果を求めており、プロジェクトとしての3要素を満たしています。つまり、A介君個人に注目すると、学校教育そのものがプロジェクトであることが理解できます。本書では、A介君に時々登場していただき、学校教育プロジェクトのモデルになってもらいましょう。

　ところで、プロジェクトには3つのタイプがあることは先にも述べました。A介君の取り組むプロジェクトは、国立大学薬学部合格という結果を追求する「結果型プロジェクト」です。

　学校では、学生に対する教育そのものがプロジェクトなのです。本来、これらを日常的に実施している学校教育の現場は、プロジェクトマネジメントと相性が良いはずです。それならば、国際標準プロジェクトマネジメント手法を導入することにより、教育の成果も大いに向上することが期待されます。

　そこで、国際標準のプロジェクトマネジメント手法を導入するにあたり、まず学校教育の特徴を明らかにする必要があります。なぜなら、これまでも宇宙開発、IT、建築、医療等、そ

れぞれの分野で、それぞれの特徴に応じた形で、国際標準プロジェクトマネジメント手法が適用されてきたからです。次章では、医療組織（病院）、教育組織（学校）それぞれのプロジェクトチームの構成を中心に、その特徴を見ていきます。

第3章 教育に関わるプロジェクトチームの構成と特徴

　前章では、学校教育がプロジェクトであることを説明しました。本章では、学校教育のプロジェクトの特徴をプロジェクトチームの構成からみていきたいと思います。

　その前に、ここでプロジェクト組織に関わる用語について少し説明しておきたいと思います。

- ・「プロジェクトオーナー」とは、プロジェクトの所有者であり、プロジェクトの成果を受け取る人のことです。
- ・「プロジェクトマネジャー」とは、プロジェクトの成果を創出するためにプロジェクト活動をマネジメントする責任者のことです。
- ・「プロジェクトメンバー」とは、プロジェクトの成果を創出するためにプロジェクト活動の一部を担う者のことです。
- ・「プロジェクトマネジメントオフィス（PMO）」とは、プロジェクト活動を支援する組織のことです。
- ・「ステークホルダー」とは、プロジェクト活動に何らかの影響を与える人、またはプロジェクト活動により何らかの影響を受ける人で、利害関係者ともいわれます。プラスの影響もあればマイナスの影響もあります。
- ・「スポンサー」とは、プロジェクトに必要な資源を提供する人のことです。

　理解しやすいように、今回もA介君に登場してもらいましょう。A介君の教育において、国立大学薬学部合格という結果を受け取るのは誰でしょう。もちろんA介君自身です。ということは、A介君自身がプロジェクトオーナーということになります。

　A介君を教育する責任者は誰でしょう。いろいろな考え方があると思います。管理の行き届いた学校では、担任がプロジェクトマネジャーである場合もありますし、管理の行き届いた予備校では、予備校の先生がプロジェクトマネジャーである場合もあります。しかし、学校

での授業、予備校での学習、家庭学習を統合し、A介君自身の学習を管理している責任者は、やはりA介君自身です。つまり、A介君はプロジェクトオーナーであると同時にプロジェクトマネジャーでもあります。

　A介君の修学のために働いているのは誰でしょう。学校の先生や予備校の先生等、各教科を教えてくれる先生が該当するように思われます。

　A介君というプロジェクトマネジャーを支援してくれるのは誰でしょう。進路指導や個別面談でプロジェクトの方向性を示してくれるのは、担任の先生です。進路指導室のある学校では、進路指導室がその役割を担っています。A介君にとって、最も身近で相談できるのは両親です。A介君の場合は、担任の先生と両親が部分的にPMOの役割を分担していると考えられます。

　A介君が気持ちよく学校生活を過ごし、勉強できる環境を提供するものとして重要なひとつは友達関係や周囲の人間関係でしょう。そして、A介君が薬学部に合格し、将来跡を継いでくれるなら、父親は安心でしょう。A介君が国立大学薬学部に合格すれば、学校としても進学校のプレゼンスが上がります。このように、A介君を取り巻くほぼすべての人がステークホルダーになり得ると考えられます。

　A介君の学費や予備校費用等を出してくれているのは両親ですから、スポンサーは両親ということになります。これらの関係を図示してみたのが、図3-1です。

　ここで、教育プロジェクトの特徴を明らかにするために、他のプロジェクト組織と比較し、その違いを見てみましょう。そこで、学校とよく似た非営利組織としての病院を比較対象とし

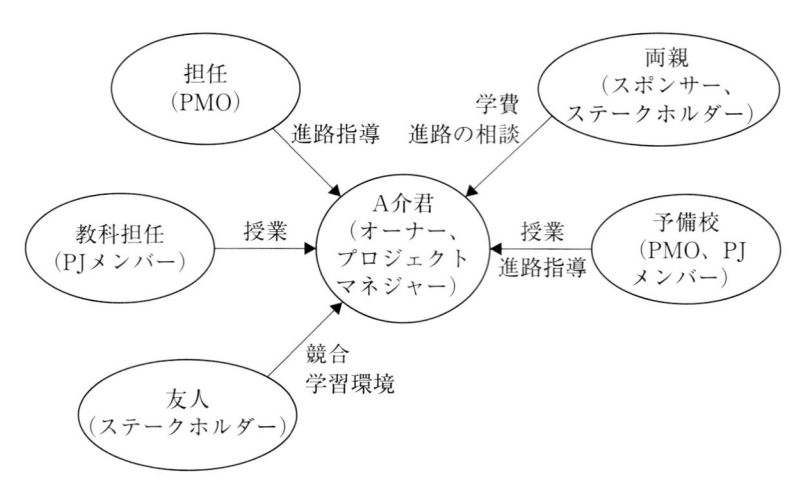

図3-1　A介君を中心としたプロジェクトの人間関係

て採り上げます。病院でも患者さん個人を中心としたチーム医療の形で入院治療プロジェクトが動いています。ここでは、入院治療を学校教育プロジェクトの比較対象にしてみましょう。

　そもそも、入院治療がプロジェクトかどうかを確認しておきましょう。プロジェクトの定義にあてはめて考えると、入院から退院までの有期限性があり、患者さん個々の独自性、治療の結果を得るというプロジェクトの条件を満たしていますので、入院治療はプロジェクトであると考えることができます。入院治療の結果を享受するのは患者さん本人です。主治医から治療方法の提案を受けたうえで、最終的な同意（インフォームドコンセント）をするのも患者さんです。したがって、プロジェクトオーナーは患者さん自身です。入院中、患者さんは主治医の指示に従います。具体的な検査計画や治療計画を立てるのも主治医ですし、医学的責任を負うのも主治医です。したがって、プロジェクトマネジャーは主治医ということになります。主治医以外にも入院治療に携わる人はたくさんいます。看護師、検査技師、薬剤師等、併存症を持っていれば他科の担当医も加わります。すなわち、患者さんを中心として、チーム医療を担う医療スタッフ全体がプロジェクトメンバーです。

　主治医は、患者さんの治療においてプロジェクトマネジャーとなりますが、さらに上位の医長、診療部長、院長などの上級医の支援を受けることができます。つまり、上位の医師がPMO の役割を担います。

　患者さんがどの程度よくなるか、退院後の生活は十分かなど、家族が最も入院治療の影響を受けます。したがって家族は最も治療に関心を持っているステークホルダーになります。入院費を払うのは誰でしょう。患者さん本人の場合もあれば、家族の場合もあります。あるいは、患者さんの会社の場合、患者さんの傷病に対し責任を負う立場の人の場合など、いろいろなケースが考えられます。これを一覧表（表 3-1）にしてみました。

　こうして学校教育プロジェクトと入院治療プロジェクトを比べてみると、特にプロジェク

表 3-1　学校教育と入院治療のプロジェクト組織

プロジェクト組織	学校教育プロジェクト	入院治療プロジェクト
プロジェクトオーナー	学生本人	患者本人
プロジェクトマネジャー	学生本人	主治医
プロジェクトメンバー	教師、予備校講師等	チーム医療スタッフ
PMO	担任、両親	主治医の上位の医師
ステークホルダー	クラスメイト、両親、学校	家族
スポンサー	両親	本人、家族など様々

トマネジャーに大きな違いがあることがわかります。入院治療プロジェクトでは、患者さん本人ではなく主治医という「専門家」がプロジェクトマネジャーを担っています。ITプロジェクトや、プラント建設プロジェクト、研究開発プロジェクトでも、通常、プロジェクトマネジャーはその業界の専門家です。一方、学校教育プロジェクトでは、プロジェクトマネジャーは多くの場合、学生本人であり、学生は教育の専門家ではありません。もちろん、プロジェクトマネジメントの知識もありません。いわゆる「素人」が、自分の人生を決める重要なプロジェクトを自分でマネメントしているわけです。そのうえ、自分が学校教育プロジェクトをマネジメントしているのだという意識もなく、一定の在学期間を過ごしています。両親が教育関係者であるとか、プロジェクトマネジメントのプロであるような特殊な家庭を除けば、一般家庭の学生は、まったく貧困なプロジェクトマネジメント環境の中で、何の助けもなく自分自身の教育をマネジメントしていることになります。これは、学校教育プロジェクトの最大の特徴であり問題点であると言えます。

　次に、別の角度から学校教育プロジェクトの特徴（問題点）を見ていきましょう。学校教育は学費を払って学校に通い授業を受けるという形態であり、学校は善良な管理者の注意義務として授業を行っていますので、準委任契約とみなすことができます。他業界の一般的なプロジェクトにおいては、このような契約を結ぶ場合、業務範囲を詳細にすり合わせ、文書化します。しかしながら、学校教育では、このような契約当事者間の業務に関する合意文書は作成されません。このことが、双方の役割と責任の所在を曖昧にしています。これは、「必要な情報ですら文書化されない」という組織の成熟度の問題です。これがいかに重大な問題を惹起するか、授業のPDCAサイクルに例えてみてみましょう。

　教員は、年度始めに年間授業計画を立案します。これはPDCAサイクルのP（Plan）に該当します。その年間授業計画に基づき授業を行います。これはPDCAサイクルのD（Do）に該当します。次に定期試験で習熟度を測定します。これはPDCAサイクルのC（Check）です。ところが、学生は採点済みの答案用紙を返却されますが、習熟度分析の結果は通知されません。習熟度分析が行われたかどうかもわかりません。キャッチアップについても、赤点を取らない限り補習を義務付けられることもなく、授業は次のステップに進んでいきます。年間授業計画が見直されることも、おそらくないでしょう。学校教育では、PDCAサイクルのCとAの内容と役割分担が極めて曖昧で、PDCAサイクルが回らない構造になっています。PDCAサイクルが回らないプロジェクトでは、プロセスの改善は期待できません。かくして、学校では毎年毎年一定数の落ちこぼれを生み出しつつ改善が進まないという状況に陥っていま

す。

　なぜ、このようなことが起こっているのでしょうか。その理由の一つとして、習熟度分析を行う役割を誰が担うのか、どのように習熟度を測定するのか、習熟度が不十分な部分をどのようにしてキャッチアップさせるのか、その役割と責任を誰がとるのかが明確でないことが問題です。習熟度分析を学生自身にさせるのであれば、分析方法は誰が提供するのでしょうか。未熟なプロジェクトマネジャーである学生自身はそのような方法を知る由もなく、教員はおそらく、習熟度分析手法を知らないか、知っていても非常に粗雑で「学生は採点済みの答案を見れば習熟度の低い箇所は明らかに分かるだろう」と考えているでしょう。このように役割と責任が明確化されず、文書化されていないこと、その重要性が理解されていないことが学校教育プロジェクトの特徴（問題点）の一つでしょう。企業のプロジェクトマネジャーの立場から、厳しい目で見れば、残念ながら、学校教育プロジェクトにおける PDCA は、知識の欠如とマネジメントの杜撰さにより、測定ができず、したがって改善もできないといったように錆び付いています。

　本書の目的は、まさにこのような問題の解決方法を提案することにあります。本書は、受験指南書ではありません。結果的には教育効果を上げることにつながり、受験対策になるかもしれませんが、それはあくまでも副産物です。日本の一億総活躍社会を構成するために、優秀な国民を育成できる教育手法を確立するために、一歩前進を支援することが本書の目的です。

限られた修学期間で一定以上の質（習熟度）に達成するために

第**4**章

　前章では、学校教育をプロジェクトとして捉え、そのプロジェクトに関わるプロジェクトチームの構成と特徴について説明しました。本章では、限られた修学期間で一定以上の習熟度に到達するためにはどうすればよいか、ということについて考えてみたいと思います。

　「限られた修学期間」とは、プロジェクトの定義を構成する要素のひとつである「有期限性」に相当します。その限られた期間内で一定以上の結果・成果を出すということは、プロジェクトの成功を意味します。この章では、受験プロジェクトのような結果型プロジェクトを成功させるための具体的な方法について論じたいと思います。

　通常、プロジェクトは以下の表の手順で開始され、計画、実行、終了されます。

1）　プロジェクト憲章の作成
　　プロジェクトオーナーがプロジェクト憲章を作成する（プロジェクトマネジャーが作成する場合もあります）
2）　プロジェクトの発足
　　プロジェクト憲章が承認されプロジェクトマネジャーが任命されプロジェクトが発足する
3）　プロジェクトマネジメント計画書の作成
　　プロジェクトマネジャーがプロジェクトマネジメント計画書を作成する
4）　各種計画の策定
　　プロジェクトマネジメント計画書に沿って各種マネジメント計画書が作成される
5）　プロジェクト作業の実施
　　①　プロジェクト作業が実施される
　　②　プロジェクトマネジャーにより指揮・マネジメントされる
　　③　プロジェクトの監視・コントロールがされる
　　④　各フェーズの終結
6）　プロジェクトが終結される

　限られた修学期間で一定以上の習熟度に到達し、結果や成果を得るためには、どうすればよ

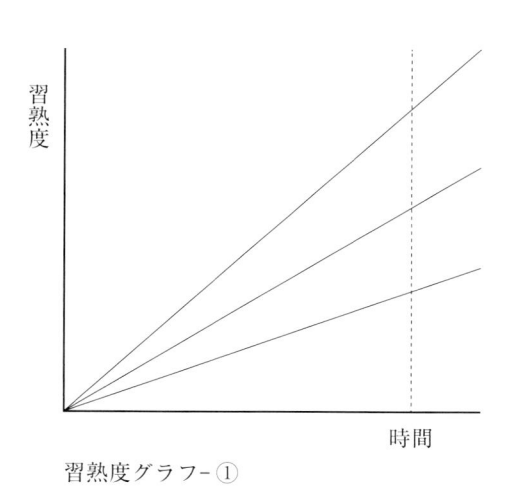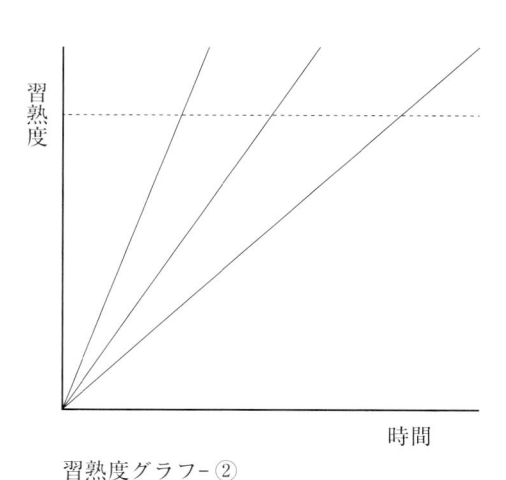

習熟度グラフ–①　　　　　　　　　　　　習熟度グラフ–②

図 4-1　習熟度グラフ

いかについて述べたいと思います。上の習熟度グラフ（図 4-1）をみながら考えてみましょう。習熟度グラフは時間の経過と学習の習熟度を表しているグラフです。習熟度グラフ – ①は一定期間（修学期間）が終了した時の各学生の習熟度を表しています。卒業時点で個々の習熟度に差が生じていることを表しています。よく勉強した学生は高い習熟度に達し、あまり勉強しなかった学生は低い習熟度にとどまります。最も一般的に見られる当たり前の現象です。これが高校生の大学受験の場合、高い習熟度に達した生徒は偏差値の高い有名一流大学と呼ばれるところに進学し、低いレベルにとどまった生徒は二流・三流と呼ばれる大学に進むことになります（語弊のある表現をしましたが、センター試験の行われている日本では大学はランキングされ、平たく表現すればだいたいこうなるでしょう）。このような現象は、生徒自身が受験プロジェクトの開始時点で卒業時の明確な習熟度設定を行わず（卒業時の具体的な目的がなく）「まあ、できるだけ勉強して、卒業の時に成績に見合った進学先（就職先）を考えればいいや」と思って取り組んだ場合のグラフです。最初から目的の設定がありませんので、受験プロジェクトが成功したのか失敗したのかさえもわかりません。しかし、癌の治療に携わる医療チームの場合、こうした形で患者さんの治療プロジェクトに取り組むことはあり得ないですね。

　一方、習熟度グラフ – ②は、一定の習熟度をクリアするために最初から目的を明確にして、計画的に学習を進め、目的のレベルに達成することを示しています。そして、目的の達成が一定期間（修学期間）内にできれば教育プロジェクトは成功したことになります。もし、多少の時間的な延長（留年や浪人）があったにせよ、習熟度グラフ – ②では、結果的には目的を達成することになります。また、医学部や薬学部のように、職業上必須の国家資格が求められる学

部では、学生は入学当初より卒業までの間に習熟度グラフ−②に設定されたレベルに到達することを目指します。なぜなら、学生は入学時より卒業後の職業が決まっており、その資格が取得できなければ職に就くことができないからです。非常に目的（Goal）のはっきりした受験（学校教育）プロジェクトと言えます。

　ここで聞こえてきそうなのですが、「学生生活は勉強や資格取得だけが目的ではない」と、お叱りを受けることについてはまったくその通りなのですが、プロジェクトを成功させるためには、このくらい目的をはっきりとさせ、プロジェクトの範囲（スコープ）を限定して取り組むことが重要になります。途中であれこれ欲張ってプロジェクトの範囲が広がることをスコープクリープといい、スコープクリープが発生するとプロジェクトを失敗に追いやるリスクがうんと高くなります。受験プロジェクトを開始する場合、この目的設定ができているか、そしてその目的を達成するために、主要なステークホルダーがコミットメント（腹をくくること）をしているかどうかが、プロジェクトを成功させるための極めて重要な最初のステップになります。

　プロジェクト憲章には、プロジェクトの目的、到達レベル、プロジェクトの範囲、プロジェクトの期間（修学期間）、主要なステークホルダー等を記述します。そして、これを紙に書いて目につくところに貼っておくとプロジェクトがブレることなく、良い結果が得られると思います。

　プロジェクトマネジャーの役を誰がするかということについては第3章で述べた通り、2つの場合が考えられます。一つは通常よく見られる形で、素人ながら学生・生徒本人がプロジェクトマネジャーになります。そしてもう一つの形は、一部の進学校や予備校で見られるように、教員あるいは受験のプロが生徒のプロジェクトマネジャーになる場合です。かくして、プロジェクトチームが編成され、受験プロジェクトがスタートします。

　教育プロジェクトの計画を立てる際に必要なのは、目的（Goal）、到達するレベル、やることの範囲、そして修学期間です。これらの条件をはっきりさせておかないと、計画を立てることができません。そして、計画のないところにプロジェクトの成功はありません。

　そこで、教育プロジェクトの局面から見て、実際に計画を立てるために必要な情報を集めてみましょう。ここでは大学生が卒業時に挑戦する国家試験を例に、その目的（Goal）とそれに到達するレベル、その範囲を調べてみたいと思います。

　たとえば大学卒業時に就職のためにチャレンジする試験の一つとして、国家公務員総合職試験があります。この試験は2011年度までの国家公務員I種に相当する試験で、公務員試験の

なかでも難度の高い試験です。国家公務員総合職試験は、政策の企画立案等の高度の知識、技術または経験等を必要とする業務に従事する職員の採用試験で、試験の種類は「大卒程度試験」「院卒者試験」の2種類があります。試験方式は「第1次試験」「第2次試験」があり、それぞれに「教養区分」「教養区分以外」があります。実際には「大卒程度試験」の場合には、政治・国際、法律、経済他の区分分けが、「院卒者試験」では行政、人間科学、工学他の区分わけがされていますがここでは詳細は割愛します。「大卒程度試験」の受験者は4年制の大学を卒業（見込も含む）し、さらに政治・国際、法律、経済他といった各分野で相当程度の知識を有している必要があります。独学で勉強し受験する場合もありますが、専門の予備校で勉強したうえで受験に臨む場合もあります。合格率は、先に述べた区分によりばらつきはありますが「大卒程度試験」が数%程度、「院卒者試験」は20%から40%台となっています。

　このように、ターゲット（目的）とした資格を取得するために受験計画を立てる場合は、その資格の勉強範囲（Scope）、到達レベル（Quality）、そして時間（Time）の要素を見積る必要があります。これらの要素はプロジェクトの制約条件と呼ばれています。そして、これらの制約条件はお互いが trade off（一方を追求すれば他方を犠牲にせざるを得ないという状態）の関係になります。

　受験プロジェクトをマネジメントするということは、これらの制約条件を最もバランスのよい落としどころに落とし、プロジェクトの目的を達成することなのです。はたして大学に入学したばかりの学生にできるでしょうか？　あるいは、大学4年生になれば、うまく受験プロジェクトをマネジメントできるようになるのでしょうか……。どうやら試験に合格するための計画を立てるには、受験プロジェクトをマネジメントしてくれるプロの水先案内人、あるいはコーチが居たほうがよさそうですね。さもなければ、学生自身が相当なプロジェクトマネジメントの勉強をして辣腕のプロジェクトマネジャーになるか……ですね。

　次の例として、医師国家試験を採り上げます。皆さんご存知の通り医師になるための資格試験です。最高に難しい試験の一つですが、毎年約90%の合格率です。なぜか？　その理由・原因を探ると、そこに医師国家試験の受験プロジェクトを成功させるヒントが秘められているかもしれません。そして、そのヒントはあまねく受験プロジェクトや学校教育プロジェクトを成功に導くためのノウハウにもなるはずです。

　医師国家試験を受験するためには大学医学部に入学し、6年間の在学期間中に所定のカリキュラムを修了する必要があります。そのためには、医学部受験・合格、医学部卒業、医師国家試験受験というプロセスを経る必要があります。つまり、医師国家試験を受ける人の多く

は、中学、高校、大学と受験を経験してきた「受験のプロ_だということです。幾多の受験の経験の中から学生自身が受験プロジェクトのマネジメント手法を体験的に身につけた可能性があります。しかも、自分自身の受験プロジェクトを実際に成功させてきた「辣腕」と称してもよいでしょう。しかし、ご安心ください。この知識・能力は「体験的にしか修得できない」というものではなく、国際標準プロジェクトマネジメント手法を「体系的に学習する」ことによって、大学生になってからでも身につけることができるのです。

　さて、医師国家試験に話を戻しましょう。医師国家試験の内容は内科学、小児科学、外科学、整形外科学といった科目ごとでは出題されず、すべての科目を取り混ぜたうえで一般問題、臨床実地問題といった総合問題形式で出題され、試験は 3 日間を費やして行われます（平成 30 年からは 2 日間）。つまり、試験合格に求められているのは、医学部の膨大なカリキュラムを修得して卒業できるレベルの知識と範囲であり、そしてその応用力だということです。そこには、学生個人が 6 年間をかけて行った計画的な学習と、粘り強く物事を成し遂げる力が必要であることは間違いありませんが、一方、効率的・効果的に 6 年の期間に配置したカリキュラムが存在することも大きな要因でしょう。そのカリキュラムは文部科学省から「医学教育モデル・コア・カリキュラム」として修得すべき項目が具体的に示されています。全国の医学部（医科大学）はそれに従って講義、実習を効率的に組み立て、十分な各科の専門教員を配置し、6 年間で修得できるように工夫を凝らしています。こうした教育システムが整備されていることも学校教育プロジェクトを成功させるための重要な因子になるでしょう。

　では、実際に医師国家試験受験者はどのように受験・合格に向け活動しているのでしょうか。通常のプロジェクトの手順と照らし合わせて考えてみましょう。

1)　プロジェクト憲章の作成

　第 3 章で述べたとおり、学校教育プロジェクトでは学生（医師国家試験受験者）自身がプロジェクトオーナーであるため、プロジェクト憲章を作成するまでもなくプロジェクトの目的、プロジェクトのゴール、利用できるリソース等はプロジェクトオーナーである学生自身が認識しています。

2)　プロジェクトの発足

　この部分も上記 1) と同様です。

3)　プロジェクトマネジメント計画書の作成

　学生個人が自身で作成する事もありますが、多くの場合は入学した医学部のなかに教育カリキュラム、シラバスといった形式で存在しており、学生は「計画書」に沿って勉強を行っ

ていくことになります。

4)　各種計画書の策定

　この部分も上記3)と同様ですが学生によっては自身で学習計画、修得度確認計画を立てて実施している場合もあります。

5)　プロジェクト作業の実施

　①　プロジェクト作業が実施される

　　⇒教育カリキュラム、シラバスに沿って学生は講義を受け、実習を行っていきます。

　②　プロジェクトマネジャーにより指揮・マネジメントがされる

　　⇒プロジェクトマネジャーである学生が自身の達成度合いについてマネジメントを行うと同時にPMOである担当教員、指導教員が達成度合いによりサポートを行います。

　③　プロジェクトの監視・コントロールがされる

　　⇒上記5)-②と同様に学生自身と担当教員、指導教員により行われます。

　　また、節目、節目でCBT, OSCEなど、全国共通のチェックポイントが設定されており、習熟度の試験が行われます。

　④　各フェーズの終結

　　⇒各カリキュラムの単位修得、年次の進級といった形で各フェーズは終結します。

6)　プロジェクト全体が終結される

　医学部卒業、医師国家試験受験・合格という形で終結します。

　医師国家試験受験と比較的の難易度の低い資格試験受験を比較した場合に、プロジェクトマネジメントの上で大きく違う点は、上記3) プロジェクトマネジメント計画書の作成、4) 各種計画の策定、5) プロジェクト作業の実施の部分だと言えます。

　まず、3) プロジェクトマネジメント計画書の作成では医学部入学から6年後の医師国家試験受験に向け、詳細な教育カリキュラムが組まれ、そのカリキュラムに沿って精緻なシラバスが設定されています。これは各医科系大学の医学部により内容は異なりますがそれぞれに特色を出して設定されています。

　次に、4) 各種計画の策定においては、学生自身が計画を立てることで自身の目標を改めて明確にすることができ、目標に向かっている自分は予定通り知識を習得し、応用力を身に着けているのか、計画に狂いは生じてきていないか、あるいは自身の目標は変わっていないか確認ができます。計画を立てて実行し、その状況を確認する上でもベースとなる計画を作成するのは重要なことです。

　そして、5）プロジェクト作業の実施では、カリキュラム毎にマイルストーンを設定しマイルストーンの度にカリキュラムの達成度合いを測りながら進めています。特に②プロジェクトマネジャーによる指揮・マネジメント、③プロジェクトの監視・コントロール、④各フェーズの終結ごとに、プロジェクトマネジャーである学生自身が進捗管理を行っているだけでなく、PMO の立場にある担当教員、指導教員も個々の学生の進捗度合・達成度合いを測定しながら教育プロジェクトを進めています。学生自身は単位修得、進級を果たすことに全力を尽くしていますが、担当教員、指導教員は、カリキュラムを全うに修了させるために、単位取得には足りない、あるいは進級させるだけの知識、応用力が備わっていないと判断した場合は単位取得、進級はさせないという措置をとっています。つまり、医学部入学時にスタートした医師国家試験の受験プロジェクトでは、それぞれの節目において、進捗度、習熟度の評価を行い、そのフェーズに課せられたカリキュラムが修了できない者には、そのフェーズを終結させないというプロジェクトとして当然のことを行っているのです。

　最後に本章で述べてきたことを整理してみます。限られた修学期間で一定以上の習熟度を達成し、学校教育（あるいは受験）プロジェクトの結果・成果を得るためには、生徒・学生が自身の目標である「高校受験、大学受験、就職試験の合格」をゴールと見立てたプロジェクトを立ち上げ、これを確実に遂行していく事が大切です。

　立ち上げたプロジェクトでは各種計画書を作成し、自身だけでなく担当教員（指導教員）といった周囲のステークホルダーを巻き込んで、プロジェクト計画の中に設定したマイルストーンに到達する度に、プロジェクトは予定した習熟度に到達しているか、予定した進捗状態にあるかチェックを行います。そして、各フェーズの終結では、次のフェーズに移行するための評価・判定を正しく行い、または次フェーズに移行できるよう、フェーズ移行の判定を行う前に十分な準備を行い、最終的な目標達成に至るまで、プロジェクトマネジャーである学生自身とPMO である担当教員（指導教員）でプロジェクトを遂行していきます。プロジェクトの終結フェーズでは実施したプロジェクトの振り返りを行い、プロジェクト遂行中に得た知識、ノウハウ、有効だった策、失敗した策を次に続くプロジェクトのために「教訓」として残すことが重要だと言われています。「高校・大学受験、合格」プロジェクトでは多くの学生、受験者が一度しか実施しないかもしれませんが、万が一、もう一回経験するときのために「教訓」を残すことも大事です。この教訓は「高校・大学受験、合格」プロジェクトのみならず、資格試験の受験にも利用できます。「教訓」を次の時のために残しておくことは大切です。

第5章 医療現場のチーム医療と教育プロジェクトの比較と工夫

5.1 「教育はプロジェクト」という意識の変革が重要

　「学生が入学して卒業までの期間に行われる教育はプロジェクトです」と言われれば、なるほどそのように考えることができます。しかし、実際、行われる教育は月曜日から土曜日の時間割に沿った授業の繰り返しであり、ルーチンの作業を淡々とこなしているように思えます。同じことは医療現場でも見られます。たとえば放射線科の受付で技師さんの朝の一言目。「えーっと、今日は午前中に CT が 10 件で、午後は血管造影が 2 件ですね」といってルーチンワークが始まり、一日が終わります。そして、翌日もまた同じセリフで朝が始まり、ルーチンワークが繰り返し行われます。

　このような視点から見ると、医療はプロジェクトには見えず、流れ作業のルーチンワークに

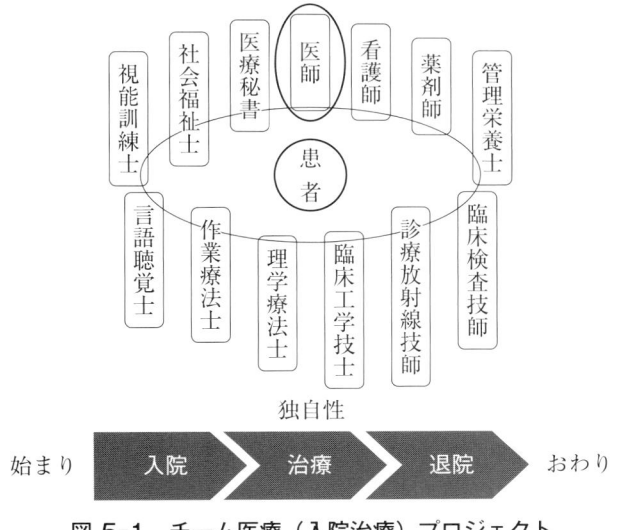

図 5-1　チーム医療（入院治療）プロジェクト

見えてしまいます。しかし、患者さんは「件」や「症例」ではなく「人」なのです。その患者さんが病気になり病院に入院してきました。そして、以前のような元気な体に戻り、元の生活に戻りたいという目的をもって治療を受け、そして退院していきます。その患者さんの入院治療は紛れもなくプロジェクトに他なりません。その患者さん自身の目的を達成してもらうために、医療スタッフはチームを組んで、その患者さん独自の入院治療というプロジェクトに取り組みます（図5-1）。

　学校における教育もまったく同じ形であることは容易に理解できます。学校教育そのものが、入学から卒業までの間に、学生一人ひとりの目的を達成するために、教員がチームを組んで、束になって取り組むプロジェクトなのだ、という教員側の意識の変革が必要なのです（図5-2）。

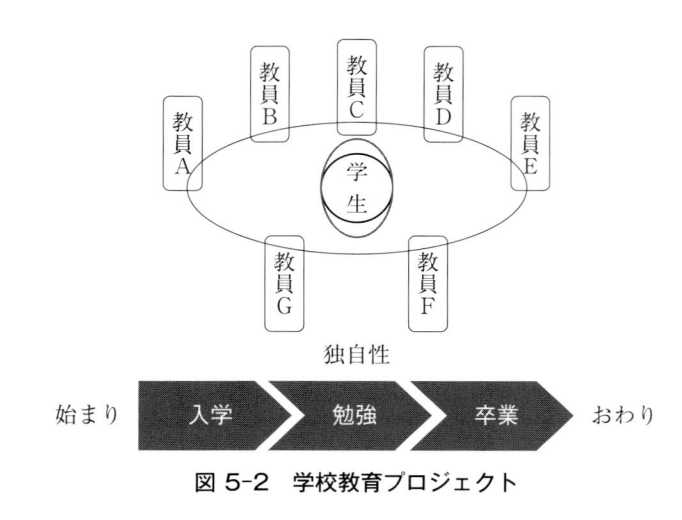

図 5-2　学校教育プロジェクト

　そもそも学校、病院、あるいは矯正施設（刑務所など）はいずれも非営利組織であり、非営利組織の共通の目的は「人を変える」ことです。学校は教育によって、知的に文化的に社会的に幸せに暮らせるように人を変える。病院は病気になった人の体を治療して変える。刑務所は社会に適応できなくなった人を矯正して変え、そしてもう一度社会に戻す。というように、非営利組織の目的はよく似ています。そこで、学校と病院という、似た者同士を比べることで、より深くその特徴をとらえようとしたのが、本書のもくろみでもあります。

　少し脱線しますが、似ていない者同士を比べると、それぞれの大きな特徴がつかめます。たとえば犬と人間を比べると、人間は2本足で歩き両手が自由に使え、道具を使うことができます。今度は、さらに詳細に違いを求めようとすれば、似た者同士である猿と人間を比べます。

どちらも 2 本足で歩くことはできますが、猿の指は人差し指と親指を対立させて丸くして OK サインをすることができません。つまり、指先で物がつまめないのです。人間は物がつまめることによって、指先を器用に使い、細かい作業ができるようになり、文字を書き、本を著し、文明を発展させてきました。このように、似た者同士を比べることによって、より深く、詳細に重要な特徴をとらえることができます。

　本書の著者グループは、これまでに営利組織（一般企業）と非営利組織（医療組織）におけるプロジェクトマネジメントを比較して、その特徴を検討した本をすでに出版していますので、興味があれば『医療プロジェクトマネジメント〜医療を変える国際標準マネジメント手法〜』（ISBN: 978-4-88412-377-2）をご参照ください。

　少し脱線しましたが、この似た者（非営利組織）同士を比べる方法で、もう少し医療と教育のプロジェクトの違いを比較しながら、教育プロジェクトマネジメントの特徴を深掘りしていきたいと思います。しばらくお付き合いください。

☐ **5.2**　**プロジェクトの目的の明確化**

　患者さんの入院治療の目的は、その患者さんが元の生活に戻れるように病気を治すことでしょう。つまり、「入院治療プロジェクト」の目的は、元の体の状態になるべく近く戻すことなので、入院した当初から治療の目的（ゴール）はわかりやすいでしょう。しかし、完全に元に戻すことはできない場合もありますし、予測していなかった残念な結果になることもあります。例外的に、元の体以上のものを求められるのは、美容形成ぐらいでしょうか。

　一方、学校教育においては、個々の学生の目的はそれぞれ異なっています。あるいは、目的が最初は定まっていない場合もあります。たとえ目的が「志望校へ合格する」ということであっても、その具体的な志望校が最初の頃には定められず、学習を進めながら志望校を探していく場合もあるでしょう。つまり、学校での教育プロジェクトでは、目的が最初からは明確にできない場合があるということです（図 5-3）。

　こうした目的が明確ではない段階においては、教育プロジェクトとして実行すべき範囲もレベルも明らかにできないため、プロジェクト計画を立てることは困難です。したがって、このような曖昧な時期・期間をなるべく短くすることが重要になります。そして教育プロジェクトを進めるに従って、徐々に明らかになってくることを「段階的に詳細化」しながら、なるべく早い時期に、目的を明確にし、計画や作業を具体化する必要があります。

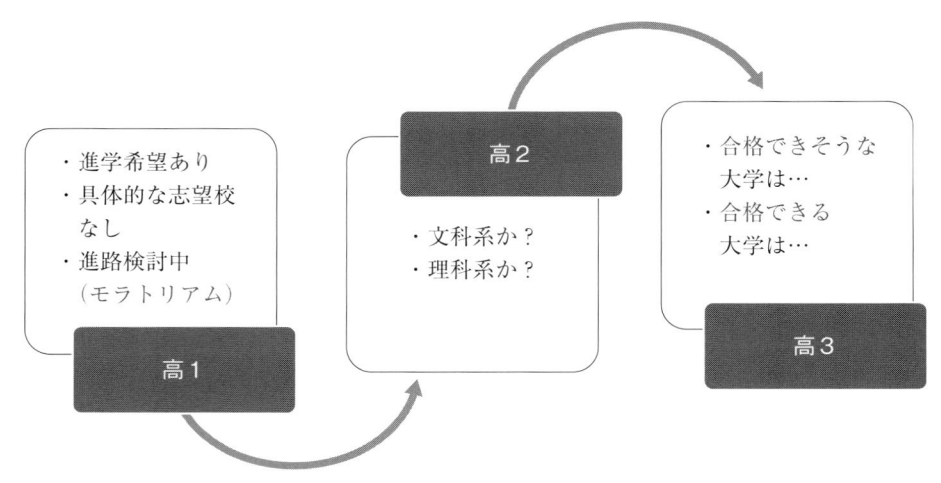

図 5-3　目的が定まりにくい学校教育プロジェクト

□ **5.3** チーム医療や医学教育には、プロジェクトの開始時点から明確な「目的」がある

　教育プロジェクトに比べて、入院治療プロジェクトや医学教育プロジェクトにおいては、開始時点から目的が明確です。その分、良い結果・成果につながるでしょう。大学における教育プロジェクトでは、医学部や薬学部、医療系大学に入学した学生は、それぞれの領域の医療専門職になる目的が明らかなため、入学時点から各分野の国家資格の取得を目指しますので、教育プロジェクトの計画も立てやすいでしょう。また、Goal の範囲とレベルが見えやすく（たとえば国家試験に出題される範囲の問題に正解できるというレベル）、教員、学生のいずれにとっても具体的な学習計画が作成しやすいでしょう。ただし、定められた修学期間に対して修得すべき内容が多いため、計画作成のスキルが求められます。その他、計画実行のための粘り強さや持続性（grit）も求められます。高校生の受験教育を 1 つのプロジェクトと見立てれば、目的を○○大学合格とした時、目標として科目の範囲とレベルを設定することができ、プロジェクト計画は立てやすくなります。そして具体的なプロジェクト計画の立て方や、実行と進捗管理、監視・コントロールの実践的方法については、先人たちの知恵の集大成である *PMBOK® Guide* から学び取ってくればよいのです。

□ **5.4** 入院治療におけるチーム医療と学校教育におけるチームの構成においては、プロジェクトマネジャーの担当者が異なる

　第3章で述べたように、入院治療プロジェクトと学校教育プロジェクトのチーム構成はよく似ています。しかし、最大の相違点は、入院治療ではプロジェクトオーナー（患者さん）とプロジェクトマネジャー（主治医）は別々であるのに対し、学校教育ではプロジェクトオーナー（学生）とプロジェクトマネジャー（学生）が同一人である点です。

　さらに、入院治療プロジェクトにおいては、経験豊富な専門家（主治医）がプロジェクトマネジャーを担当するのに対し、学校教育では、教育のプロでもなく経験も乏しい学生自身がプロジェクトマネジャーの役割を担います。そして、プロジェクトマネジャーとしての責任は、結果としてプロジェクトオーナーの自分自身に跳ね返ってきます。学校教育では、学生はとても負担の大きな位置に立たされているといってよいでしょう。たとえば、アスリートの場合は一流のコーチがプロジェクトマネジャーの役割を引き受けてくれていますので、アスリート本人は集中してトレーニングに専念できますが、受験勉強の学生はそういうわけにはいきません。受験勉強にプロのコーチ（プロジェクトマネジャー）がつけば、どれほど学生は集中して勉強に集中することができるでしょう。一部の有名予備校などではすでに、こうした取り組みが行われているようですが、学校教育プロジェクトで学習成果を出すためには、学生自身ではなく、経験豊富な教員がプロジェクトマネジャーを務めるのが望ましい形の一つといえるでしょう。

　プロジェクトマネジャーとプロジェクトオーナーが同一人物の場合、もう一つの弊害が起こる可能性があります。プロジェクトマネジャーの経験が浅く、マネジメントスキルも乏しく、その結果うまくプロジェクトが進まないとき、プロジェクトマネジャーはプロジェクトオーナーに対してその辛い状況を報告し、何らかの形で対処して責任を取るわけですが、ここで、プロジェクトマネジャー（学生）とプロジェクトオーナー（学生）が同一人物であると、プロジェクトオーナー（自分）は、プロジェクトマネジャー（自分）の苦しみを許してしまいたくなります。

　つまり、プロジェクトがどんどん安易な方向に堕しやすくなります。当初のプロジェクトの目的が高くても、途中でプロジェクトマネジャーがプロジェクトのつらさに耐えきれない場合は、プロジェクトオーナーは際限なく目標を下げ、目的を変えてしまうことだってありえるのです。ほとんどの学生が後になって「もう少し頑張ればよかった」という後味の悪さや、人生

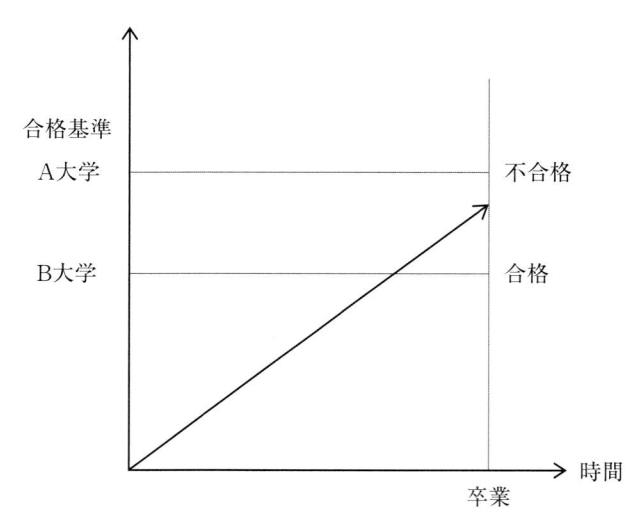

図 5-4　プロジェクトの成否の判断はプロジェクトマネジャー（学生本人）が決める

の後悔を残しているのは、こうした理由によるのかもしれません。入院治療においては、満足のいく治療であったかどうかは、患者が厳しく医師や医療チームを評価しますが（患者満足度に反映されます）、学校教育では、学生は自分自身が招いた結果や成果に満足せざるを得ないのです（図 5-4）。

□ **5.5** 医療現場では治療フェーズによってステークホルダーが変化するが、教育プロジェクトではステークホルダーはさほど変化しない

　あらかじめステークホルダーが抽出されていると、コミュニケーションを計画的にとることが簡単になります。さらに、ステークホルダーの居場所が固定していると、一層コミュニケーションはとりやすくなり、プロジェクトには良い結果を生むことになります。

　教育プロジェクトの場合、ステークホルダーは学生、家族、教員といったように修学期間を通じて比較的固定しています。しかも、家族、教員はほぼ居場所が一定しており、教員を探す場合も、せいぜい教室（時間割通り）か職員室（教授室、研究室）、あるいは会議室といったところでしょうか。しかも都合の良いことに、職員室は教員が一か所に集まっており、コロケーション（colocation）としての効果も出ますので、よりよい結果を生み出すことができるでしょう。

　一方、医療現場では治療経過のフェーズ（入院、手術、回復、退院）によってステークホ

ルダーが変化し、ステークホルダーの興味や関与の程度も変化します。したがって、コミュニケーションをとる相手が次々変化し、計画的にコミュニケーションを取ることが複雑になります。しかも医療スタッフは居場所が一定していません。病院内で看護師をつかまえようとすれば、担当の病棟に行けば大体見つかりますが、たえず患者さんの病室を回っていますので、どの病室に居るか、即座にはつかまりません。医師に至っては、見つけることが極めて困難です。院内で医師に携帯端末を持たせているのはそのためです。物理的にも時間的にも、医師は連絡を取るのが極めて困難な対象になります。しかし、チーム医療のスタッフ間ではうまく情報共有がなされていて、治療が安全に確実に行われるのはなぜでしょう。この理由は次に述べる情報共有の仕組みに負うところが大きいと思います。

☐ **5.6** 患者情報が共有できるような仕組みを、学校の教育現場にも採り入れる

　チーム医療が成立している理由の一つには、患者さんの情報がリアルタイムに、しかもすべての医療スタッフ間で共有できている点にあります。いつ、どのような検査が行われ、その結果がどうであったか、検査結果や患者さんの経過はその都度電子カルテに入力され、その情報は病院中に設置してある端末からリアルタイムに参照することができます。患者さん自身や家族は直接この情報システムにアクセスできませんが、アクセス権限のある人（主治医など）に依頼すればいつでも見ることができます。

　一方、学校教育では、学生の情報はリアルタイムに共有されているわけではありません。科目担当の教員が学生の成績を所有しており、全員の教員に共有されている場合は少ないでしょう。しかも、試験の時期に成績が評価されるだけで、学習の進捗、修得の程度がリアルタイムに把握される仕組みは一般的には普及していないでしょう。そこで、一人ひとりの学生の成績、学習の進捗、学習の経過記録がリアルタイムに共有できる「学生カルテ」の構築が望まれます。学生を中心として教員を含めたチームで教育プロジェクトを実践するためには、ぜひとも導入したい仕組みだろうと思います。リアルタイムに情報を共有できるシステムについては、医療現場の電子カルテの開発に、これまでのノウハウが蓄積されていますので、ぜひ参考にしてみてはいかがでしょう。

　これまで数十年間にわたる電子カルテの開発には多くの企業、病院、政府、大学、学会、その他の研究機関、業界団体などが知恵を結集して取り組んできました。そして、苦い失敗の経

験も蓄積しました。こうした知識・知恵の集積を今度は教育現場に移植し、学生カルテを構築・導入することが、少子化の中で、一人でも多くの学生の学習効果を上げ、一億総活躍の社会を作り出すためのインフラになると思います。私たちが経験した電子カルテ開発の歴史の中で、一つだけ最も苦い経験を挙げるとすれば、「はじめに標準化を行わずに開発に着手すると、後になって施設間での比較・測定・評価を行うことが極めて困難になる」ということです。学生カルテを開発する際は、電子カルテ開発の轍を踏まないよう、十分標準化の準備をしてとりかかるのがよいでしょう。

5.7　学生カルテに活かすのは電子カルテで蓄積した教訓

　すでに、e-ポートフォリオなどと銘打って、学生の成績、出席、課外活動、学外活動などに関するさまざまなデータを蓄えるシステムを開発・導入している先進的な教育機関もあるでしょう。また、予備校や模擬試験提供業者などにおいては、詳細な成績分析のできる情報システムを独自に開発して運用していると思います。そういった情報システムに蓄積されたおびただしいデータとともに、各学校に学生カルテが運用され、データが全国の学校にも共有され、比較検討され、正しく評価されるようになれば、学生一人ひとりに学習の成果が現れるようになり、学生カルテの役割を果たすことになるでしょう。一億総活躍時代の基盤を支える強力なインフラに発展していくことを願うばかりです。電子カルテを開発してきた企業にもぜひ参加してもらって、これまで蓄えてきたノウハウと力を学生カルテの開発に貸してもらいたいと思います。日本の国の底力を作っていくことになろうかと思います。

5.8　チーム医療にはプロジェクトマネジャー（主治医）を補完する仕組みと人材を

　医療現場において入院治療のプロジェクトマネジャーを務めるのは主治医ということになりますが、主治医は毎日、手術、処置、検査などに従事している時間が長く、プロジェクトマネジャーとしての行動を全うするためには時間的、物理的に困難な状況にあることは5.6でも述べました。一方、今日までにチーム医療が機能するようになって、平均在院日数は短縮し、同時に医療の質も上がっていることは、医療現場の誰しもが実感していることでしょう。そこで、主治医がこうした本来の仕事に従事するための時間を確保するには、それ以外の雑用的な

業務から医師を可及的に開放する必要があります。厚生労働省は「医師事務作業補助者」の制度を設けて、医師の事務作業負担を減らし、本来の医師の仕事に専念できるように制度化しました。

　治療プロジェクトのプロジェクトマネジャーとしての医師の仕事のうち、家族や関係者に連絡を取ったり、説明室の手配をしたり、同意書の準備などのいわゆる「段取り」を行う事務的な作業が、かなりの分量を占めることがわかります。こうした段取りを一手に引き受けてくれる医療秘書が居ると助かります。医師はたとえ少ない時間でも、治療プロジェクトをマネジメントすることができるようになるわけです。従来は、看護師が雑用的な段取りを受け持ってきました。あるいは現在もそうかもしれません。しかし、看護師は看護師の本来の業務があり、それ以外の業務に忙殺されるわけにもいきません。チーム医療において、医師の右腕として段取りをマネジメントしてくれる有能な医療秘書の育成と活躍が期待されます。

　ことほどさように、学校の教育現場においても同じことが言えます。まず、教員が本来の教育に専念できるような環境を作り出すことが重要ですが、現場の教員は相当量の事務仕事に忙殺されています。個々の学生を中心とした一つのチームとして教育プロジェクトを行っていくためには、医療現場が経験したように、教員を支援する人材と仕組みを構築することが重要になってくるでしょう。教育現場にプロジェクトマネジメントメソッドを導入して、成果を出していくためには、同時に、こうしたプロジェクトチームを支援するための運用も考えていく必要があります。医療現場では電子カルテがチーム医療実践の基盤になっているように、教育現場用に熟考された学生カルテのようなITも、課題解決の武器になるかもしれません。医療現場におけるこれまでの電子カルテ導入の教訓は、教育現場においても大いに参考になるでしょう。そして、目指すところは、一定の修学期間で、質の高い学生を効率よく育成することでしょう。

　医療現場ではチーム医療が叫ばれ始めて15年以上が経ったでしょうか。当初、チーム医療の実践が開始されましたが、そのマネジメントの仕方がよくわからないまま、これまで経験的、属人的にチームが動かされてきたように思います。最近、マネジメント手法が重要であることに気づき、医療現場では勉強が盛んです。それと並行して、電子カルテを中心とした医療情報システムが進歩し、最近は十分に洗練されてきました。そういった経過の中で、平均在院日数が短縮し、医療の質・安全が向上してきたということが実感できるようになってきました。そして、さらに効果が得られるよう、マネジメント体制・手法そのものの改善に目が向けられるようになり、医師事務作業補助者の配置や、医療秘書による「段取りマネジメント」を

もって、チーム医療を支える仕組み作りが始まりました。このあたりが、教育現場より一歩進んでいるところでしょう。

□ 5.9 WBS（クリニカルパス）の存在

　医療の分野には疾患別に「クリニカルパス（クリティカルパス）」という、日めくり型の作業工程表があります。これは 1980 年代後半に米国で発案され、比較的短い間に日本に導入されました。当時はクリティカルパスと呼ばれており、これはプロジェクトマネジメントの領域の用語から来たものでした。現在では、クリティカルパスと呼ぶ人とクリニカルパスと呼ぶ人がありますが、どちらも同じものを指しています。厚生労働省などの政策上の名称にはクリティカルパスが使用されています。そもそも 1980 年代には、クリティカルパスは、プロジェクトの一連の活動（アクティビティ）をスケジューリングするための方法として用いられ、プロジェクトを完了させるまでに必要な全ての活動の一覧と、各活動にかかる時間、活動間の依存関係をもとに、プロジェクト完了までにかかる経路（依存関係のある一連の活動の連なり）を計算するものでした。そのうちの、「プロジェクトを完了させるまでに必要なすべての活動の一覧表」の部分が日本の医療界に採り入れられ、独自に発達してきたものが現在のクリニカルパス（クリティカルパス）になっています。当時は作業を分解し工程表にしたものを示す「WBS（Work Breakdown Structure）」という呼び名が無かったため、工程表も含めてクリティカルパスと呼んでいました。現在ではクリニカルパスはプロジェクトの世界の WBS に相当すると考えてよろしいと思います。現在、クリニカルパスはチーム医療において、無くてはならない情報共有ツールとして重要な位置を占めています。WBS についてはその後も、プロジェクトマネジメントの世界でさらに洗練され発展していますので、医療業界の人は、プロジェクトマネジメントの世界で発展進歩した WBS を、今一度勉強し直してみるのも良いでしょう。

　翻って、教育の世界を見てみますと、WBS に相当するモノや考え方は無さそうです。したがって、目的を達成するための計画技法として、グローバルスタンダードの手法はこれまでに導入されてこなかったことがわかります。おそらく計画を立てることは経験的、属人的にやってきたのではないかと推測されます。計画を立てるプロセスはとても重要で、プロジェクトマネジメントの世界では「計画のないところに成功は無い」といわれており、WBS の作成は *PMBOK® Guide* の中で最も重要なプロセスの一つとされています。この技法を教育界に導入

することは、教育をプロジェクトとして実践するための最初になすべきことと考えます。具体的な WBS 作成の手法は他の著書に譲りますが、我々は、WBS を作成するにあたって「DMM（Diamond Mandala Matrix）を作業分解ツールとして用いて WBS を作成すると初学者にもわかりやすい」という指導経験を持っております。せめて、計画の立て方だけでも国際標準の手法を勉強しておくべきです。

□ 5.10 医学教育では極めて多くのことを、限られた年限で修得するための仕組みが整備されている

　第4章でも述べましたが、医学・医療系の学科では、ほとんどが卒業後の職種が決まっており、それぞれの国家試験に合格することが職業に就くための必須条件になります。つまり、卒業までの4年あるいは6年間に、それぞれの国家試験に合格するレベルに到達しなければなりません。まさに結果型のプロジェクトそのものを実践することになります。明確な目的をもって、しっかり準備を整え、実行可能な計画を立て、進捗を測定しながら一歩一歩確実に前進すれば、必ずゴールに到達するでしょう。それがプロジェクトマネジメントのやり方です。国際標準プロジェクトマネジメントの*PMBOK® Guide*には、具体的にその方法が示してあります。

　それを知ってプロジェクトに臨むか、あるいはその知識なく手ぶらの状態で場当たり的にとり組むか、どちらが良い結果になるかは明らかでしょう。いずれにせよ、学生自らにプロジェクトマネジャーの役割をさせる場合も、あるいは、教員が一人ひとりの学生のプロジェクトマネジャーとして合格までをマネジメントする場合も、教育というプロジェクトのマネジャー役を引き受ける者は、何も勉強せずプロジェクトに臨むことは無謀でしょう。では、教育プロジェクト、国家試験受験プロジェクトのために*PMBOK® Guide*のどの部分を勉強すればよいか。それは本書の第6章以降に解説してあります。

　医師を育てる医学部医学科の場合、6年間に極めて多くのことを修得しなければなりません。これはその他の医療専門職を目指す学科でも同じような傾向にありますが、特に医学科は圧巻といってもよいでしょう。医学の進歩とともに学習する内容も増え続けています。昔は2日間であった医師国家試験は 2001 年から3日間になったことだけでも、その学習内容の量が増えたことがおわかりでしょう（平成 30 年実施の医師国家試験から再び2日間になる）。もはや国家試験に出題されるすべてのことを講義で細かく教える時間的な余裕はなくなりつつあるという、悲鳴にも似た声が聞こえてきそうです。そこで、いかに効果的に教育するかといった

点から、カリキュラムやシラバスの徹底的な整備に努力がなされ、見事なものが整備されてきたように思います。国家試験の合格率を上げるためには、こうした教育材料としてのカリキュラムの整備も重要になります。こうしたノウハウは、医学教育現場における長い経験の蓄積によってでき上がってきたものでしょう。このカリキュラムに沿って、学生は淡々と修得していくわけですが、多くの医学部の学生は見事に膨大な量を修得していきます。さすがにこれまで多くの受験プロジェクトをクリアしてきただけの力量を持っていると思います。この能力は経験的に身に付いたのでしょうか。こういう人たちに、さらに国際標準のプロジェクトマネジメント手法を学問的・体系的に勉強してもらえば、もっと素晴らしく修学全体が効率的になり、さらには医療現場に出ても、しっかりとチーム医療をマネジメントしてもらえると思います。

　教育プロジェクトをマネジメントするためには、こうした医学部教育のような教育モデルを客観的に分析して、良い点を学び取ることだろうと思います。まず、①学生の目的がはっきりしている。②学生が受験プロジェクトをマネジメントする能力を身に付けている。③膨大な教材が効率的に学べる教育システムが整備されている。という大きな3つの点が目立つように思います。高校現場に採り入れるとすれば、①学習の目的をなるべく早いうちに明確にする（プロジェクト憲章作成プロセス）、②プロジェクトをマネジメントする能力を身に着けさせる（WBS作成プロセス）、③カリキュラム、シラバスの整備、ということになりますが、①②はまさに、*PMBOK® Guide* に書かれている事項であり、その中で特にエッセンスとなるプロセスをカッコ内に示しました。実際はこんなに簡単で単純なものではありませんが、まず、これさえできていれば相当力強く前進できるでしょう。医師である筆者自身の経験からしても、小学生から大学院生の間に、国際標準といわれるような計画の立て方を教わった記憶はありません。医師になって20年経ったころ初めて *PMBOK® Guide* に出会い、目から鱗が落ちるような鮮烈な印象を記憶しています。学生のころからこうした手法を知っていれば……と悔やまれます。

☐ **5.11** 測定できないものは改善できない

　さて、教育プロジェクトや受験プロジェクトが順調に進んでいるかどうかを、どうやって確認しますか？「だいたい予定の40%進んでいます」といった返事が返ってくる場合、その根拠を尋ねてみますと、「まぁ、だいたい」とか「感覚的に」という答えが返ってきますが、プロジェクトマネジメントの世界では許されません。プロジェクト計画のそれぞれの節目（マイ

ルストーン）において、その時点で完成することが予定されている成果物の何%が完了しているか、ということが数値的に問われます。そのためにはプロジェクト計画の段階で、プロジェクトにマイルストーンを置き、マイルストーンごとの成果物を具体的に示して、成果物を測定可能な形にしておくことが必須です。作業項目も具体的に詳細な記述をもって計画書に記載しておく必要があります。この時に使う手法が WBS ということになります。しっかり作業分解が行われ、それぞれのマイルストーンにおける成果物が明確に記載されている WBS は、そのままプロジェクトの進捗チェックリストとして使用できるのです。作業が十分細かく分解されていれば、個々の作業において発生する危険性（リスク）も同時に見えてきます。予想されるリスクに対しては、あらかじめ手を打っておくことができるようになります。

　進捗度を印象やフィーリングで答えるようでは進捗度を測定したことになりません。進捗度を正確に測定できて初めてプロジェクトが遅延しているのか予定より早く進んでいるのかがわかります。もし、遅延していれば具体的にどのくらい遅延しているのか、それを修正するためにはどのくらいの助っ人や資源を投入すればよいか（たとえば、塾に行ったり、家庭教師をつけたり）、ということがわかります。つまり、測定できないものはコントロールできない。コントロールできないものは改善できない……即ち、測定できなければプロジェクトは失敗するのです。

　プロジェクトマネジメントにおける WBS 作成の重要性と、作成のポイントがおわかりいただけたと思います。これを教育プロジェクトに応用するわけです。WBS を作成し、その進捗管理を確実に行うプロジェクトマネジャーの役を学生に任せて大丈夫でしょうか。教育現場のいろいろな条件を考慮しながら、最初に解決しておかなければならない課題です。

□ **5.12**　**チーム医療における成功要因、プロジェクトマネジメントの工夫**

　これまで医療プロジェクトと学校教育プロジェクトを比較して見てきましたが、学校教育プロジェクトの特徴として、1）最初から目的（Goal）が明確になっていない場合がある、2）プロジェクトマネジャーを経験のない学生自身が行っている、という2つの要因が抽出されてきました。どうやら学校教育プロジェクトの成否に影響しそうです。このような特徴を持つ学校教育プロジェクトにおいては、どのような工夫を施せば成果を上げることができるのでしょうか。

　ここで、比較的短い期間に限定した、大学教育プロジェクトの実践事例を紹介したいと思

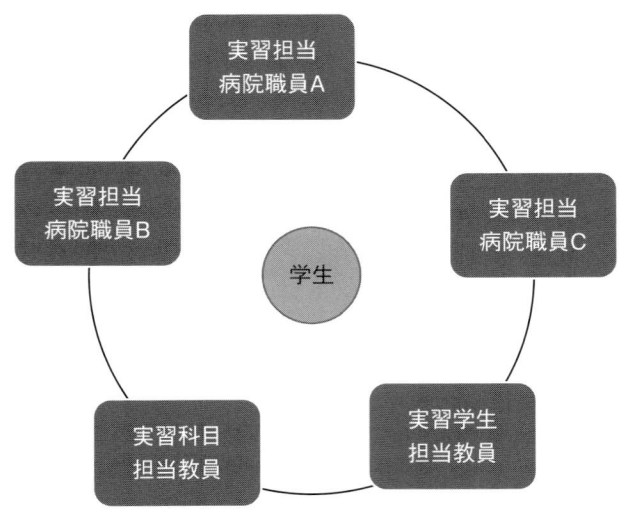

図 5-5　病院実習プロジェクト

　います。プロジェクト期間は、入学して卒業するまでの 4 年間ではなく、例えば病院実習の行われる 9 週間に限定して、1 つの「病院実習プロジェクト」の事例を示します。すなわち、川崎医療福祉大学医療秘書学科が取り組んでいる病院実習プロジェクトである「病院実習ポートフォリオ」を紹介します（図 5-5）。

（1）「病院実習ポートフォリオ」導入のいきさつ

　医療分野では、医師、看護師、薬剤師をはじめ多くの専門職が働いています。これらの職種のほとんどが国家資格を持つ職種です。したがって、これらの職種の仕事は、その業務範囲が比較的明確になっており、人材育成は国家試験に指定された内容に沿った教育カリキュラムで実施されます。つまり、育成すべき人材像が明確で、標準的な教育カリキュラムがあり、しかも育成される人材も、当初からその意志をもって入学しているということです。

　一方、医療分野の専門職種に医療秘書という職種があります。医療秘書は、院長秘書や医局秘書として、院長あるいは医師の下で秘書業務を行います。また、診察室で医師の隣で電子カルテの代行入力や、診断書作成のような医師の行う事務作業を一手に引き受け、さらに、チーム医療が円滑に進むようにチームの「段取り」をマネジメントする専門職種です。しかし、医療秘書には国家資格はありません。また、医療秘書の業務範囲はいくぶん不明確です。その理由は、秘書業務というのは限定した業務ではなく、上司の求めに応じて幅広い業務に対応する特殊性をもっているからです。人材育成においても、指定された規則はありませんので、学科

独自の教育カリキュラムで育成されます。つまり、育成すべき人材像がやや不明確で、国家資格職種ほど標準的な教育カリキュラムがないために、育成される人材の質には、ばらつきが出やすいということです。これは逆に、育成のやり様によっては、ハイレベルなユニークな人材が育成できるということにもなります。

　医療分野の専門職種の人材育成では、実践的な技能が重視されるため、医療秘書においても病院現場での実習が行われます。しかし、医療秘書は、医師、看護師などと比べて育成すべき人材像が幾分不明確になりやすく、ややもすると実習の目的自体が不明確になり、その影響で実習に臨む学生自身の目的も不明確になれば、おのずと効果・成果のない実習になってしまいます。

　そこで、学生自身の実習目的を明確にさせ、成果のあがる実習にするために「病院実習ポートフォリオ」を導入しました。

（2）　病院実習ポートフォリオにおける工夫

1）　実習の目的を明確にさせる取り組み

　まず、目的・課題をもった実習への変革を行うために、医療秘書の「あるべき姿」を学生自らに考えさせ、実習の目的を明確にさせる取り組みを行いました。

　具体的には、病院実習の始まる半年前から、1科目（15コマ）を使って実習準備のための講義とグループワークを行います。これらは臨床経験豊富な専任教員（医師）を含む学科全教員が参加し、実習に臨む学生としての「あるべき姿」と「なすべきこと」を講義とグループワー

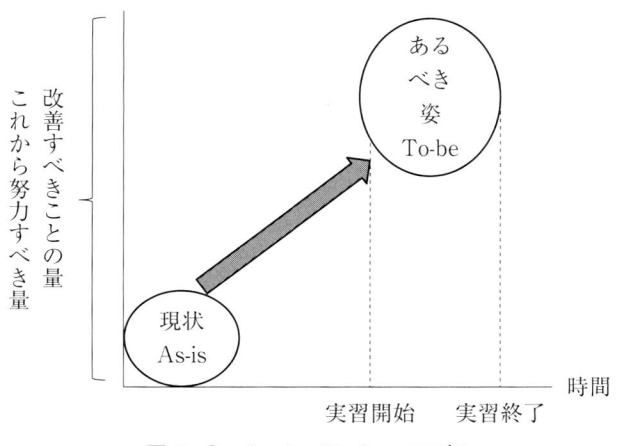

図 5-6　As-is, To-be モデル

クを通じて修得します。さらに、学園外の病院の副院長が現場の生の様子や実習に対するアドバイスを3コマ講義します。学生たちは医療秘書像を明確にしたうえで、自らの実習目的を明確にします。その後、As-Is, To-Be モデル（図5-6）を用いてグループワークを行い、「医学・医療・業務の知識」「行為・行動・実践力」「医療人としてのこころ」の視点から「あるべき姿」を構成する要素をポストイットに挙げ出し、それらを分類しながら、それぞれの要素の因果連鎖を矢印で結び付け、「あるべき姿」に向かって「なすべきこと」を連結していきます。

　どの順番に修得すればあるべき姿に到達できるか、ホワイトボードに貼りつけながら、学生自身がグループで力を合わせながら Goal の理想像に向けて作り上げていきます（図5-7）。

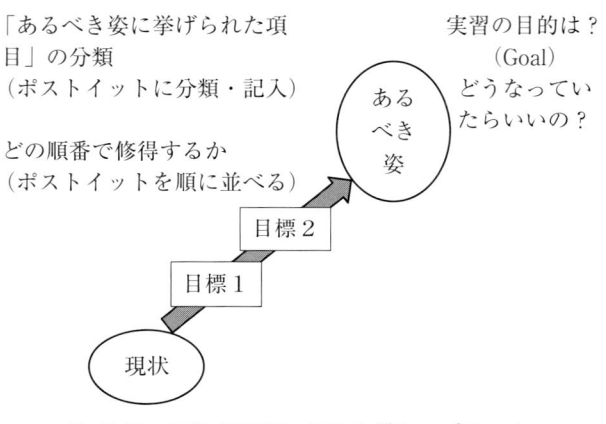

図 5-7　目的を明確にさせるグループワーク

　このようにして明確になった自分たちの医療秘書のあるべき姿を「実習の目的」とさせます。目的（To-Be）が明確になったことにより、実習前の自分（As-Is）とのギャップが分析でき、実習開始までになすべきこと、実習期間中に修得すべきことが可視化できるようになります。

　最後に、グループごとにまとめたものをパワーポイントで清書して発表しあうとともに、まとめたものを「目的シート」として、各自の実習ポートフォリオの最初のページに置きます。こうすることにより、自分自身の実習の「目的」を明確にできるとともに、目的を達成するための「目標」を具体的に記述することができるようになります（図5-8）。

2）業務の流れ（プロセス）を学生自身でマネジメントさせる取り組み

　実習はそれぞれの部門ごとに、あらかじめ計画した実習スケジュールに沿って行われますが、日々の実習内容は、患者の流れやその日の業務内容に応じて幾分変化しますが、「段取りマネジメント」を行う医療秘書には、業務全体を見渡して、前工程、後工程を考慮しながら仕

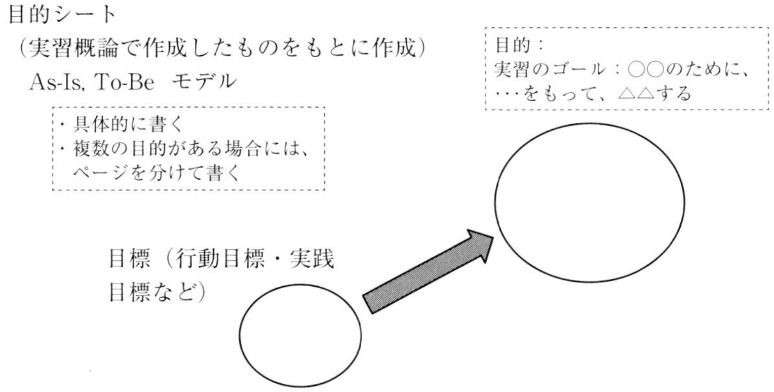

目的シート
（実習概論で作成したものをもとに作成）
As-Is, To-Be　モデル

・具体的に書く
・複数の目的がある場合には、
　ページを分けて書く

目的：
実習のゴール：○○のために、
…をもって、△△する

目標（行動目標・実践
目標など）

図 5-8　目的シート

事をする能力が必要です。そのため、実習場所ごとに業務全体の標準フロー図を記載した実習記録用紙を作成しておき、実習前に熟読するとともに、多少の変化が発生しても、それを見ながら全体の業務の流れを把握しながら、前工程、後工程を考えた業務のやり方が身に付くようになりました（図 5-9）。

3）コーチング（フィードバック）の工夫

　これまでの実習指導では、まず、それぞれの実習部門の指導者が、学生の実習記録にコメントを記入して学生に渡していました。そして、実習終了後に大学の指導教員が実習部門ごとに一括して点検して、コメントを記入して学生にフィードバックしていました。この方法では、実習した時と指導した時との間にタイムラグが生じて、時宜を得た適切なフィードバックができていませんでした。そのためやりっぱなしの実習になっているという問題点がありました。

　そこで、各週の最終日の午後は、大学へ戻って教員と共に週の振り返りを行い、その結果を踏まえて次週の目標を立てるようにしました。さらに、大学の指導教員が学生と対面して、日々の実習記録を見ながらコーチングを行いました。こうすることにより、大学の指導教員が、学生の実習先での様子をほぼ適時に把握できるとともに、毎週、学生へフィードバックが適切に行えるようになりました。

　このような工夫により、学生自らが目的を定め、その目的を達成するための具体的な目標を設定しながら実習に臨むように進歩しました。

日々の記録（Ⅰ　診療（診療補助）にかかわる秘書業務）
今日の実習する内容は以下のうち（　　　　　　　　　　　　　　　）です。
　記入例（①衣服着脱介助、②診察室内での電子カルテ入力、③検査オーダー、
　　　　　④次回診察予約）

実習する内容
初診受付、再診受付機で患者来院確認 → 各センター外来待合 → 呼び込み →

①衣服着脱介助 → ②診察室内での電子カルテ入力　　　　　　　　　→
　　　　　　　　　　患者さんの経過記録（主訴、現病歴、既往歴、
　　　　　　　　　　薬歴、家族歴、現症）、処方せん

③検査オーダー → ④次回診察予約 → 患者さんに、次に行くところを指示する。

今日の実習の目的

目的を達成するための目標

実習報告（目的を達成したか、反省、気づき等）

自己評価

指導者コメント

図 5-9　日々の記録シートの例

国際標準のプロジェクト マネジメント手法に習う

　「守破離」という言葉をご存知でしょうか。仏教では「習絶真」ともいわれます。武道や仏法など、いわゆる修行の順序段階を説いた言葉です。いずれの言葉でも、はじめに師の教えを忠実に守ってしっかりと身につける、つづいて他流派諸師の教えも参考に心技を発展させる、その後に創意工夫の中から独自の心技を極めるに至る、と説いています。

　あなたが教育現場やご自身の受験勉強にプロジェクトマネジメントの手法を導入しようと考えるなら、実はこの「守破離」や「習絶真」の教えが大いに通じるのです。何はともあれ、まず国際標準のプロジェクトマネジメント手法に習うのが定石といえるでしょう。

　そこで、本章では国際標準のプロジェクトマネジメント手法を紹介し、ご自身のプロジェクトで応用する際に押さえるべき勘所を説明していきます。

6.1　国際標準のプロジェクトマネジメント手法とは

　国際標準プロジェクトマネジメント手法とは、具体的にはいったい何を指しているのでしょうか。本書では、*A Guide to the Project Management Body of Knowledge*,（PMBOK® *Guide*）– *Fifth Edition, Project Management Institute, Inc., 2013.* を用います。これが英文の正式名称です。しかし、少し長いので、普段使いでは *PMBOK® Guide* と縮めてピンボクまたはピンボックと呼んでいます。

　PMBOK® Guide は、その名のとおり、プロジェクトマネジメントの知識を体系化したものです。言い換えれば、*PMBOK® Guide* には、プロジェクトを成功に導くための先人の知識が詰め込まれています。つまり、*PMBOK® Guide* を参照すれば、これまで行われた何百、何千ものプロジェクトの成功や失敗、それらを通して得られた貴重な教訓を、あなたは直ぐにでも利用できるのです。

　本章の冒頭で、「守破離」について触れました。まず、本章で *PMBOK® Guide* のエッセンスを理解してください。つぎに、*PMBOK® Guide* にある先人の知識をお手本にして、ご自身の教育プロジェクトのなかで実践してみましょう。さらに、ご自身の教育プロジェクトの状況に応じてアレンジを加えていってください。

　あなたの教育現場は高校ですか。それとも大学ですか。あなたは難関大学を目指す受験生ですか。あるいは医師国家試験に備える医学生ですか。実際のところ、みなさんが臨む教育プロジェクトはどれ一つとして同じではありません。

　PMBOK® Guide は標準です。したがって、*PMBOK® Guide* のことは、あくまで原理原則として捉え、ご自身が関わるプロジェクトの実情に応じて、具体化したり、詳細を定めたり、必要であれば一部を手直しすることが大切です。そうすることで、きっと、ご自身の教育プロジェクトの成功率、あるいは難関志望校や高難度な国家資格試験への合格率がぐんと上がることでしょう。

　さて、*PMBOK® Guide* では、どのようにして知識体系をまとめているのでしょうか。*PMBOK® Guide* は、プロジェクトマネジメントのプロセスを 10 の知識エリアに分類しています。また、プロジェクトを始めてから終えるまで、各々のプロセスをいつ使うのかによって 5 つのプロセス群に振り分けています。

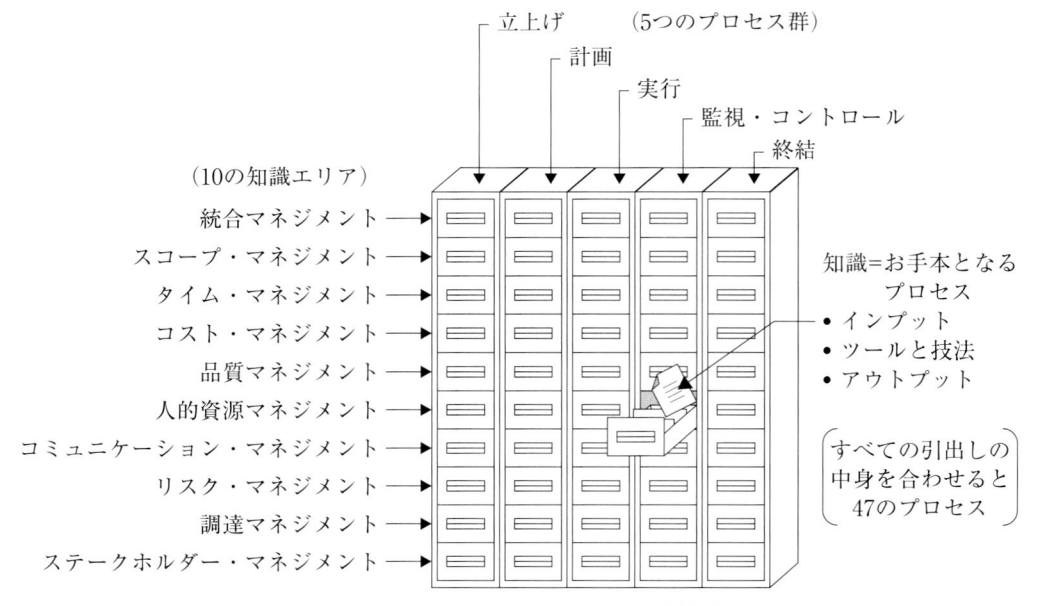

図 6-1 *PMBOK® Guide* の知識体系

　それでは、図6-1のように縦に10段の引出しをもつ書棚が、横に5本並べられている様を想像してみてください。縦の段には10の知識エリアがそれぞれ割りつけられています。また、横に並べられた各書棚には5つのプロセス群が割りつけられています。さらに、それぞれの引出しには、お手本となるプロセス（＝プロセスの知識）が格納されています。各々のプロセスには手順にくわえて、プロセスで利用されるインプット情報、有用なツールと技法、アウトプットする成果物が含まれます。世間でいうプロセスは過程とか手順のことですが、ここでいうプロセスはもう少し深い意味をもっています。

　PMBOK® Guide の知識体系は、このように理路整然と整理整頓された引出しです。必要な時に必要な知識を適切に、その引出しから取り出して利用できるのです。

　能率的な目的達成のために、人（ヒト）、物（モノ）、金（カネ）、情報、をやり繰りすることがマネジメントです。また、やり繰りする行為を特に監視・コントロールといいます。

　PMBOK® Guide は、「プロセスをマネジメントする」という考え方を大切にしています。

　PMBOK® Guide 以前のプロジェクトマネジメントでは、品質（Q）、コスト（C）、納期（D）にゴールを定めてプロジェクトを QCD 管理していました。しかし、ゴールを目指すだけではどうもうまくいかないことが多い。そこで、目標を達成するためには、ゴールに関わるプロセスだけでなく、そこに至る前工程のプロセスもコントロールする必要があると気づいたのです。

　そのため、*PMBOK® Guide* の10の知識エリアには、ゴールに関わる知識エリア、そこに至るプロセスに関わる知識エリア、これらを俯瞰して全体のバランスを調整する知識エリアが含まれています。バランスド・スコア・カード（BSC）をご存知の方なら、これらは成果指標 KGI（Key Goal Indicator）と先行指標 KPI（Key Performance Indicator）の関係にあると気づくでしょう。

　10の知識エリアの全体構成を図6-2に示します。

　ゴールに関わる知識エリアには、「品質マネジメント」「コスト・マネジメント」「タイム・マネジメント」が含まれます。そこに至るプロセスに関わる知識エリアには、「スコープ・マネジメント」「人的資源マネジメント」「コミュニケーション・マネジメント」「リスク・マネジメント」「調達マネジメント」「ステークホルダー・マネジメント」が含まれます。さらに、これらを俯瞰して全体のバランスを調整する知識エリアには、「統合マネジメント」が含まれます。

　個々の知識エリアの中身については次節以降に譲るとして、ここでは10の知識エリアの構

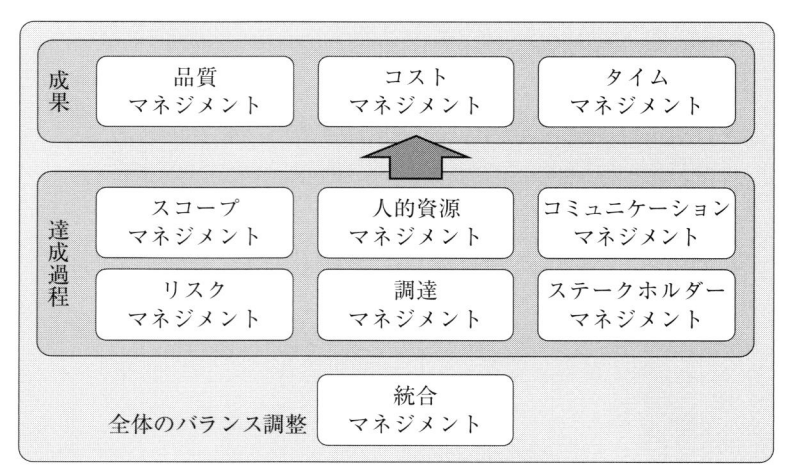

図 6-2　10 の知識エリアの全体構成

成を全体像から理解すればよいでしょう。

　プロジェクトマネジメントを進める過程は、「立上げ」「計画」「実行」「監視・コントロール」「終結」といった 5 つのプロセス群で構成されます。

　プロジェクトのマネジメントプロセスの流れは、「立上げ」に始まり、「計画」「実行」と進み、「終結」で終わります。「立上げ」では、プロジェクトの目的と目標を明らかにします。「計画」では、プロジェクトをどう進めるか、計画を立てます。「実行」では、計画された作業項目を実行します。「終結」では、今後に生かすためにプロジェクトの教訓をまとめます。「監視・コントロール」では、計画どおりに進捗しているかどうか、「立上げ」「実行」をモニタリ

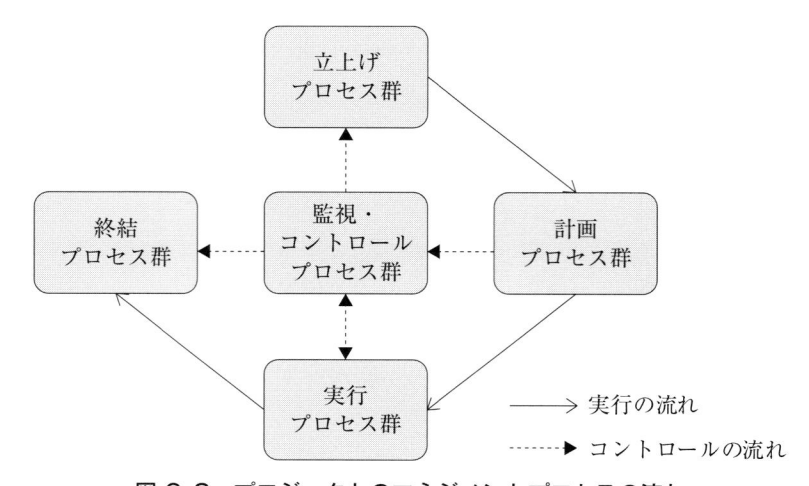

図 6-3　プロジェクトのマネジメントプロセスの流れ

ングします。もし、問題があれば、「立上げ」「計画」「実行」に是正を促し、「終結」に対して
プロジェクトが終結できるかを判断します（図 6-3）。

「立上げ」「計画」「実行」「監視・コントロール」「終結」といったマネジメントプロセスの
流れを大きく捉えると、マネジメントプロセス全体でプロセス改善のための PDCA サイクル
を形づくっているのが分かります。PDCA サイクルとは、計画 P → 実行 D → 評価 C → 改善
A の 4 段階を繰り返すことによって業務を継続的に改善する手法のことです。プロジェクト
におけるマネジメントプロセスの PDCA サイクルもまた、プロジェクト期間を通して繰り返
されます。

6.2　プロジェクトのマネジメントプロセスを知る

PMBOK® Guide では、プロジェクトマネジメントの 47 のプロセスを 10 の知識エリアに分
類しています。ここからは、いよいよ 10 の知識エリアの中身について見ていきましょう。

（1）　プロジェクト統合マネジメントの知識エリア

プロジェクトマネジメントのプロセスは、お互いに影響を与え合って実行されます。お互い
に相乗効果を生み出す場合や補い合う関係ならよいのですが、ときには、お互いがトレードオ
フの関係になることもあります。

例えば、出題範囲が広いわりに試験勉強に取れる期間が短い場合、過去出題問題の範囲にと
らわれすぎたり、すっ飛ばして勉強して散々な成績だったりするでしょう。まさに、期間を優
先したプロセスの結果がスコーププロセスや品質プロセスの結果に影響を与えています。

この例では、試験勉強プロジェクトの目的と目標の達成に向けて、受験する学生やその保護
者などステークホルダーのニーズを捉えつつ、期間とスコープと品質の優先順位を考えたマネ

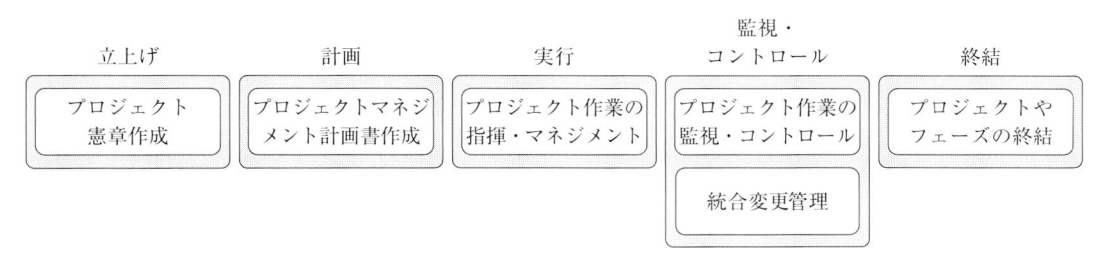

図 6-4　プロジェクト統合マネジメントのプロセス

ジメントが必要になるでしょう。すなわち、プロセス間の影響バランスを調整しながらプロセス全体を取りまとめる、プロジェクト統合マネジメントが求められるのです。

　プロジェクト統合マネジメントでは、図6-4のプロセスが定義されています。

　プロジェクト憲章は日常では聞き慣れない言葉かもしれません。ここでは、大まかにプロジェクトの定義書のようなものだ、という程度に考えましょう。プロジェクト憲章の作成では、プロジェクトの目的や目標、達成に向けた方針を決めていきます。また、プロジェクトの開始を公式に宣言することで、すべてのステークホルダーに周知徹底をはかります。

（2）　プロジェクト・スコープ・マネジメントの知識エリア

　プロジェクト・スコープ・マネジメントは、プロジェクトのスコープを定め、その妥当性を保つマネジメントのプロセスです。

　プロジェクト・スコープ・マネジメントは、成果物スコープとプロジェクト・スコープといった2つのスコープを対象とします（図6-5）。

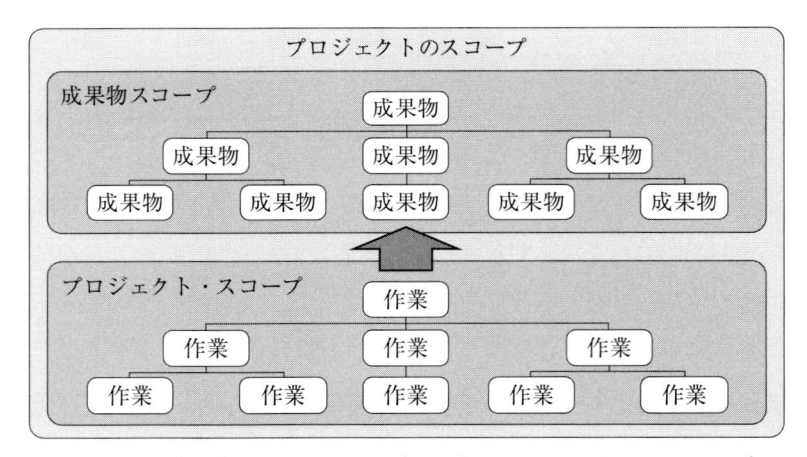

図6-5　プロジェクト・スコープ・マネジメントの2つのスコープ

　成果物スコープは、成果物が備えるべき機能や性能のことです。成果物スコープは、ステークホルダーの要求範囲を満足しなければなりません。一方、プロジェクト・スコープは、成果物を産み出すためにプロジェクトが実行しなければならない作業範囲のことです。

　例えば、国立大学薬学部合格プロジェクトは、志望校への合格圏内の学力という成果物を産み出すことが求められます。そのためには、このレベルまで学力を高めるために実行しなければならない受験勉強という作業が必要となります。この例では、求められる受験科目が成果物

スコープ、その範囲の受験勉強がプロジェクト・スコープです。

　ところで、図6-5には段階的に分解して構造化された成果物や作業が含まれています。このように階層構造で詳細化された成果物や作業の図式をワーク・ブレイクダウン・ストラクチャー（WBS）といいます。WBSを用いることで、漏れなく重複なくスコープを定義できるのです（100%ルールと呼びます）。とても重要な考え方なので覚えておいてください。

　プロジェクト・スコープ・マネジメントでは、図6-6のプロセスが定義されています。

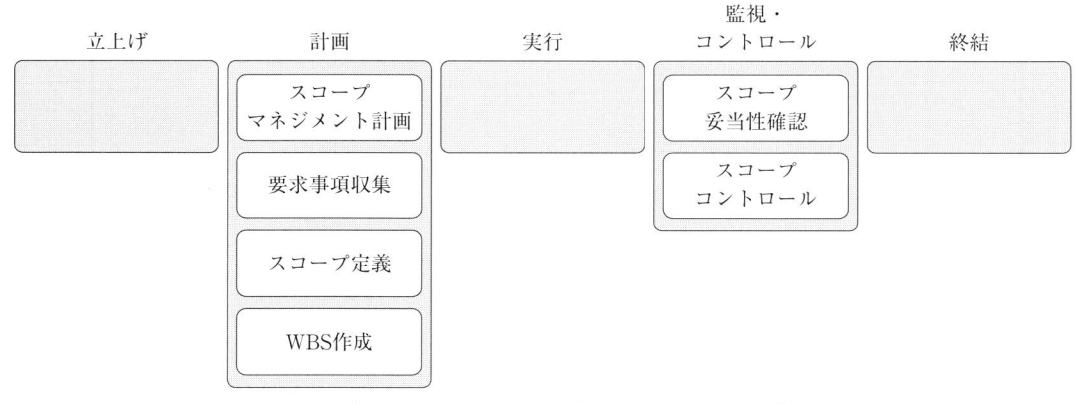

図6-6　プロジェクト・スコープ・マネジメントのプロセス

　さて、プロジェクトの計画段階で定義したスコープが、プロジェクトを進行するなかで変わっていくことがあります。プロジェクトの目的に対してスコープがうまくあてはまらなくなってしまう場合です。スコープの変化に無理や不都合がないかを確認するとともに、スコープを変えるのか、維持するべきなのかを判断してコントロールします。

　それに対して、コントロールされることなくスコープを変えてしまうことを、スコープクリープといいます。スコープクリープは、不要な手戻りやステークホルダーからの思わぬ反発など、プロジェクトを進めるうえで脅威のリスクにつながるので、厳に慎まなければなりません。

　例えば、受験プロジェクトにおいて、当初の志望校が国立大学の薬学部だったとします。国立大学薬学部の受験科目が受験対策のスコープとなります。ところが、模擬試験の成績や学習の進度から私学の薬学部に志望を変更したとします。この場合、私学の受験科目にあわせてスコープをコントロールするべきです。一方で、国立大の薬学部を目指しているにもかかわらず、古文や世界史の学習がスコープから外れているなら、本来のスコープから漏れがないよう

にコントロールする必要があります。

　また、スコープクリープの例としては、保護者に何の相談もなく、国立から私学に志望変更すると、入学金や授業料、寄付金など予算外の出費が発生したときに理解が得られず、せっかく合格しても入学できないかもしれません。

（3）　プロジェクト・タイム・マネジメントの知識エリア

　プロジェクト・タイム・マネジメントは、プロジェクトをスケジュールどおりに終わらせるマネジメントのプロセスです。

　プロジェクト・スコープ・マネジメントでは、図6-7のプロセスが定義されています。

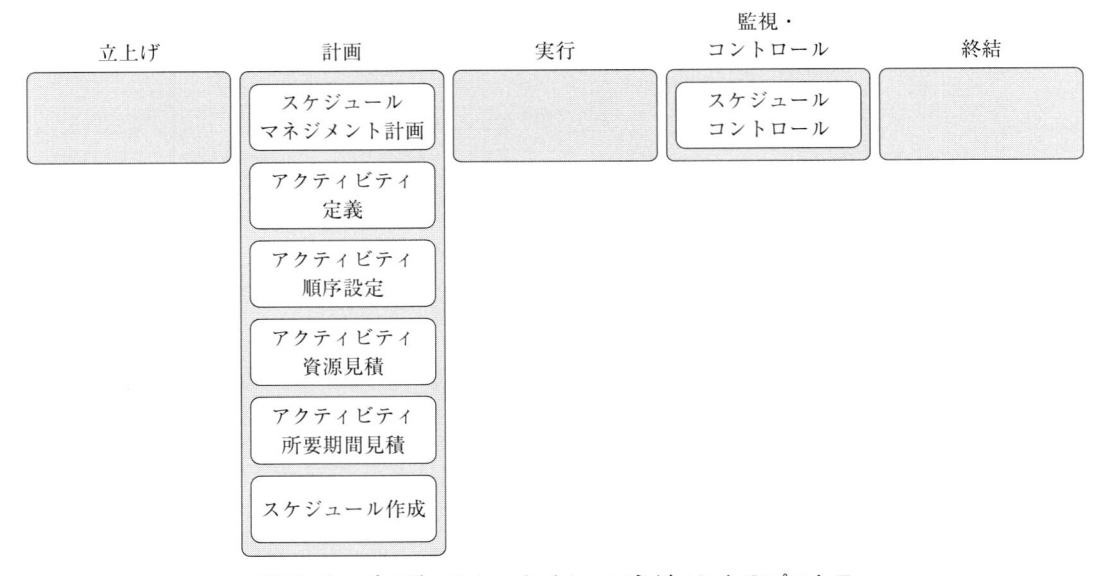

図 6-7　プロジェクト・タイム・マネジメントのプロセス

　プロジェクトのタイムは、アクティビティといわれる単位でマネジメントされます。アクティビティとは、成果物を産み出すための実作業のことです。

　プロジェクトを決められた時期に終わらせるためには、適切なスケジュールが必要となります。では、適切なスケジュールを作成するには何をすればよいのでしょう。まず、アクティビティどうしの論理的な前後関係を整理して関係を図にします。つぎに、アクティビティの遂行に必要な資源とそれらの資源を使える時期を特定します。さらに、特定した資源を用いてアクティビティを実行した場合の所要時間を見積ります。そして、アクティビティの関係図に対

して、資源の使用可能時期と所要時間見積りを反映すれば、実効性のあるプロジェクトのスケジュールが完成します。

　プロジェクトのスケジュールと実際の進捗に差異があれば是正して、プロジェクトを決められた時期に終わらせることができます。

（4）プロジェクト・コスト・マネジメントの知識エリア

　プロジェクト・コスト・マネジメントは、プロジェクトを承認された予算内で終わらせるマネジメントのプロセスです。

　プロジェクト・コスト・マネジメントでは、図6-8のプロセスが定義されています。

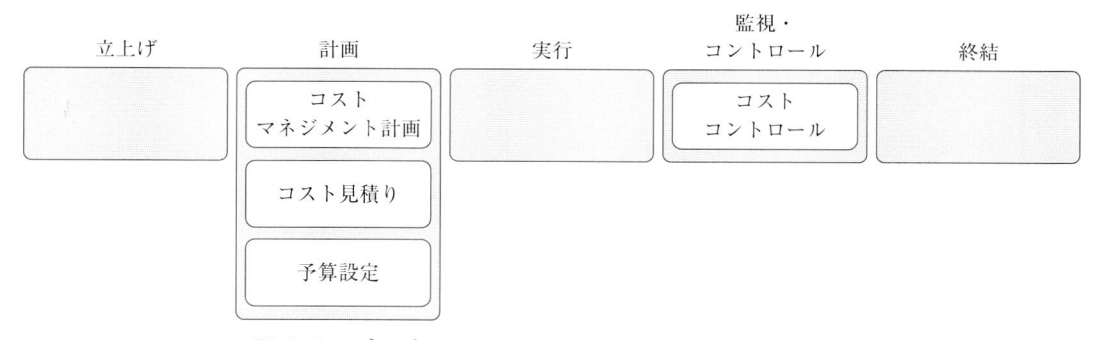

図 6-8　プロジェクト・コスト・マネジメントのプロセス

　プロジェクトのコストは、アクティビティを完了するために必要な費用です。

　先程の国立大学薬学部を受験するプロジェクトの例でいえば、アクティビティにかかる費用には、参考書などの書籍代、専門予備校の夏季講習費用、模擬試験の費用、願書の購入費、入学試験の受験料、交通費があります。その他にも、いろいろと思いつきますね。アクティビティの実行に費やされるこれらの費用見積りの総和がコストの予算案となります。ステークホルダーである保護者が費用面を手当てしてくれるのなら、保護者から承諾を得て承認された予算となります。

　ここで、忘れがちなコストがあります。例えば、合格した後の入学金、卒業までの授業料、教科書などの書籍代がそうです。せっかく志望大学に合格しても、卒業までの学費を用意できなければまったく意味がありません。このように、プロジェクトの終了後に発生するコストに対しても、漏れなく考慮して対策を考えておくことも大切です。

（5） プロジェクト品質マネジメントの知識エリア

利用者にとって満足できるモノやサービスであること。これが品質です。

プロジェクト品質マネジメントは、プロジェクトの成果物とプロジェクト活動、その双方の品質をステークホルダーが満足できるようにマネジメントするプロセスです。

プロジェクト・品質マネジメントでは、図6-9のプロセスが定義されています。

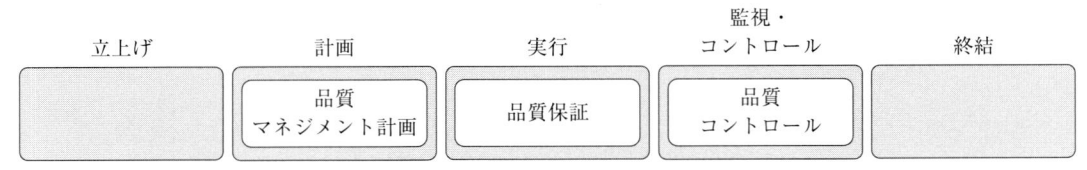

図6-9　プロジェクト品質マネジメントのプロセス

一般に、品質管理には3つの視点があるといわれます。作り手の視点、使い手の視点、マネジメントの視点です。それぞれ、「欠陥の無いものを最初から正しく作るべき」「使い手の真のニーズを満足するものを作るべき」「マネジメントが品質を作るべき」といった考え方がベースになっています。

これらの視点に立って、品質マネジメント計画では、成果物の品質目標と、品質目標を達成する方法を計画します。品質保証では、計画された方法を実行して品質を作り込みます。品質コントロールは、品質の継続的な改善活動です。成果物の品質を改善するだけでなく、プロジェクトマネジメントの品質も改善します。

みなさんが取り組む教育プロジェクトでは、作り手は誰ですか。使い手は誰ですか。マネジメントの責任は誰にありますか。教育プロジェクトにおいて、成果物の品質は捉えづらい概念かもしれません。しかし、これらの「誰」の視点をしっかりと意識すれば、あなたご自身のプロジェクトの品質（満足のできるレベル）が見えてくるはずです。

（6） プロジェクト人的資源マネジメントの知識エリア

プロジェクトは人が行うものです。プロジェクト人的資源マネジメントは、プロジェクトを達成するために必要とされるヒトが対象となるマネジメントのプロセスです。

マネジメントの対象となるヒトは、個々の人だけではありません。人が集まったチームもまた、マネジメントの対象です。チームはプロジェクトを実際に行う個人の集まりです。

プロジェクト人的資源マネジメントでは、図6-10のプロセスが定義されています。

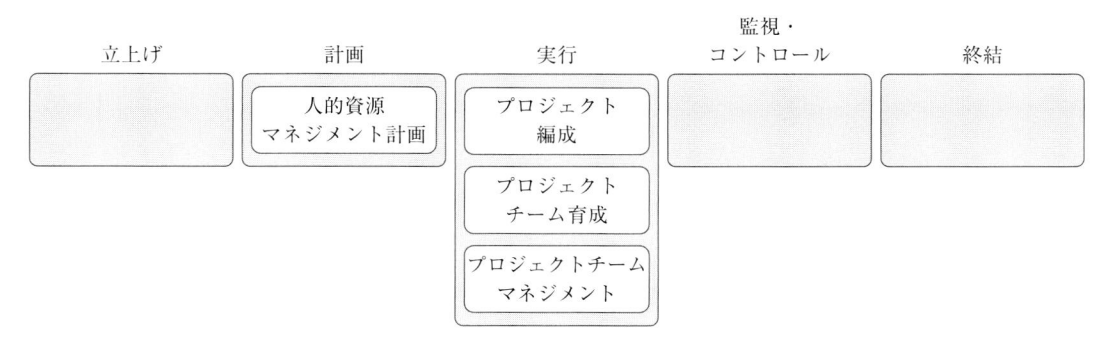

図 6-10　プロジェクト人的資源マネジメントのプロセス

　プロジェクト人的資源マネジメントでは、まず、プロジェクトを達成するためには、どのような人がどれだけ必要かを明らかにします。つぎに、必要な人を集めて役割をふり、チームを作ります。もし、必要な能力をもった人がいなければ、適任者を決めて育てます。適任者がいなければ、外部から連れてきます。また、チームが高い達成意欲を保てるよう、環境を整えたり動機づけたりします。

　例えば、薬学部受験プロジェクトでは、受験者自身の学力を合格レベルに育成します。難関大学を目指すのであれば、指導者が必要になります。しかし、あいにく身内に適任者はいません。そこで、合格指導に定評のある現役学生に家庭教師をお願いします。また、薬学部受験には何かとお金が入用なので、受験費用を捻出する役割を両親にお願いします。さらに、合格祝いやご褒美を用意して受験生のやる気を引き出します。

（7）　プロジェクト・コミュニケーション・マネジメントの知識エリア

　一般的にプロジェクトには多くの人が関わります。プロジェクト・チームも含めたステークホルダーがそうです。プロジェクトを成功に導くうえで、プロジェクトに関わるすべての人がコミュニケーションをきちんと取り合うことが大切です。

　プロジェクト・コミュニケーション・マネジメントは、プロジェクトに関わるすべてのステークホルダーの間で適切なコミュニケーションをマネジメントするプロセスです。

　適切なコミュニケーションは、効果的かつ効率的でなければなりません。効果的なコミュニケーションとは、「適切な形式で適切な時に適切な影響を与える情報を伝える」ことです。効率的なコミュニケーションとは、「必要な情報のみを必要な相手に伝える」ことです。

　適切なコミュニケーションは、ステークホルダーの間で情報の橋渡しをしてくれます。異

なったものの見方や考え方、利害関係をもつステークホルダーがお互いに分かりあえるように
なります。ステークホルダー相互の協調と信頼関係づくりにつながるのです。

　反対に、不適切なコミュニケーションは、不要な手戻りやステークホルダーの思わぬ反発な
ど、いろいろな問題の火種となります。プロジェクトを進めるうえで脅威のリスクを招くので
注意が必要です。

　プロジェクト・コミュニケーション・マネジメントでは、図6-11のプロセスが定義されて
います。

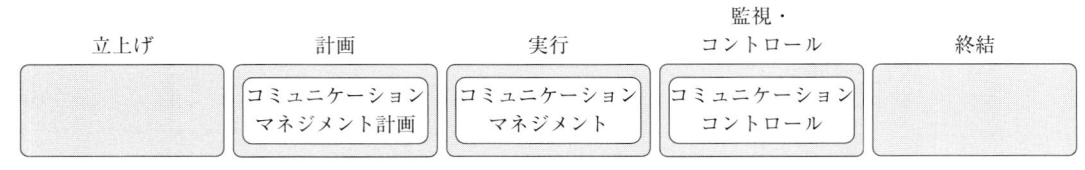

図6-11　ロジェクト・コミュニケーション・マネジメントのプロセス

　プロジェクト・コミュニケーション・マネジメントでは、まず、コミュニケーションに関わ
るステークホルダーの要求事項（何の情報、詳細度、タイミング、頻度、理由）を把握します。
つぎに、ステークホルダーの要求も加味して、伝達すべき情報（書式、内容、詳細度、狙い）
および、伝達のタイミングと頻度、伝達の責任者、伝達の承認者、伝達する相手、伝達の手段
や技術などを、あらかじめ計画します。

　そして、計画どおりにコミュニケーションを実行します。

　適正なコミュニケーションが取れているかをモニタリングして、計画とのかい離があれば是
正します。

（8）　プロジェクト・リスク・マネジメントの知識エリア

　プロジェクトのリスクには脅威リスクと好機リスクがあります。脅威リスクは、プロジェク
トにとって妨げとなる悪影響をもたらす出来事や事柄です。逆に、好機リスクは、プロジェク
トの追い風となって好影響を与える出来事や事柄です。

　一般の感覚では、脅威リスクばかりに気をとられがちですが、好機リスクへの目配りも忘れ
ないように意識しましょう。

　プロジェクト・リスク・マネジメントは、プロジェクトにとって脅威となるリスクの発生と
影響度を抑え、好機となるリスクの発生と影響度を高めるマネジメントのプロセスです。

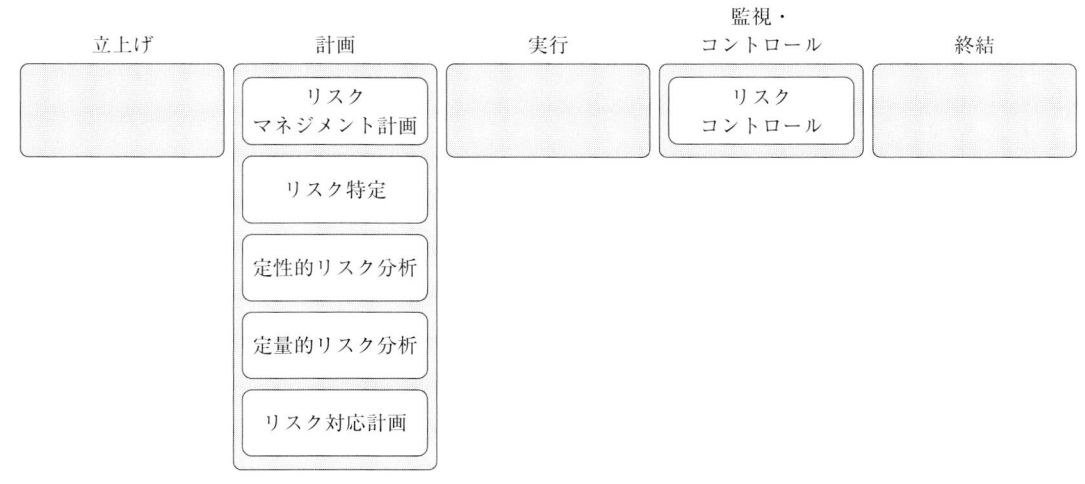

図6-12 プロジェクト・リスク・マネジメントのプロセス

　プロジェクト・リスク・マネジメントでは、図6-12のプロセスが定義されています。

　プロジェクト・リスク・マネジメントでは、まず、リスクを特定します。つぎに、洗い出したリスクの発生頻度とプロジェクトへの影響度合いを評価します。さらに、評価結果から対処のための優先度を決めて対応方針を計画します。

　脅威リスクに対処するには、回避する、転嫁する、軽減する方針が考えられます。一方、好機リスクに対処するには、活用する、共有する、強化する方針が考えられます。くわえて、脅威と好機のいずれのリスクに対しても、リスクをあえて受容する対処も考えられます。リスクを受容する場合には、発生に備えてバックアップ案や代替案を用意する方針と、リスクが起こるまで何もしない方針があります。

　もしリスクが発生すれば、計画どおりに対処します。

　発生したリスクに対して計画どおりに対処できているかをモニタリングして、計画とのかい離があれば是正します。あわせて、対処方針の有効性や、バックアップ案や代替案がうまく機能しているかを評価します。

（9）　プロジェクト調達マネジメントの知識エリア

　プロジェクト調達マネジメントは、プロジェクト作業の実行に必要な、物品やサービスを外部から購入または取得するプロセスをマネジメントします。

　先にあげた薬学部受験プロジェクトの例では、合格指導に定評のある現役学生に家庭教師を

お願いしました。また、志望校の過去問題集や赤本を購入したりもするでしょう。これらの家庭教師サービスの取得や書籍の購入が調達にあたります。

　本来の調達マネジメントは、契約行為をともなう調達を対象としています。しかし、本書のテーマである教育プロジェクトでは、契約をともなわない調達も含めたほうが現実に沿うと考えます。

　プロジェクト調達マネジメントでは、図6-13のプロセスが定義されています。

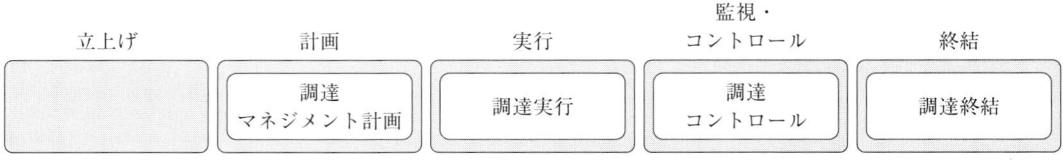

図 6-13　プロジェクト調達マネジメントのプロセス

　プロジェクト調達マネジメントでは、どのような物品やサービスが必要なのかを明らかにしたのち、調達することが重要です。この点が曖昧なまま調達してしまうと、実際には役に立たなかったり、過剰な物品やサービスであったり、プロジェクトの作業に悪影響を与えてしまうこともあります。

　調達マネジメントは、物品やサービスの調達が必要になった時点でその都度、開始されます。つまり、調達すべき物品やサービスごとに同時並行して進められるところに特徴があります。

（10）　プロジェクト・ステークホルダー・マネジメントの知識エリア

　プロジェクトの遂行や成果に対して相互に影響しあう利害関係者をステークホルダーといいます。プロジェクトには、多くのステークホルダーがいます。ステークホルダーは個人であったり集団であったりします。プロジェクトに好ましい影響を与える場合もあれば、思わしくない影響を及ぼす場合もあります。

　プロジェクト・ステークホルダー・マネジメントは、ステークホルダーの利害を全体レベルで調整し、その期待に応えることで相互に良好な関係を築き、それを維持するプロセスをマネジメントします。

　無関心なステークホルダーには、意欲的な参画意識を促します。また、プロジェクトの抵抗者は協力者に変えていきます。

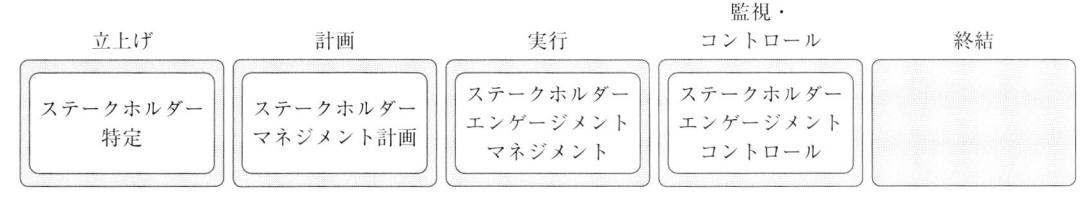

図 6-14　プロジェクト・ステークホルダー・マネジメントのプロセス

　プロジェクト・ステークホルダー・マネジメントでは、図 6-14 のプロセスが定義されています。

　プロジェクト・ステークホルダー・マネジメントでは、まず、ステークホルダーを特定します。つぎに、ステークホルダーの期待を明らかにするとともに、プロジェクトへの関与具合を評価します。さらに、評価の結果から関係性の構築や、プロジェクトへの巻き込み方について、その方針を計画します。

　計画どおりにステークホルダーとの関係性を構築し、プロジェクトへの積極的な関与を引き出します。

　ステークホルダーとの関係性が計画どおりに築けているかをモニタリングして、計画とのかい離があれば是正します。あわせて、新たなステークホルダーの出現や、ステークホルダーの期待に変化があるなら、それを捉えてコントロールします。

☐ **6.3**　プロジェクトマネジメントを教育現場に導入するポイントは

　プロジェクトマネジメント手法の 10 の知識エリアから、教育現場で特に重要なプロセスを選び出して本章のまとめとします。

　プロジェクト憲章作成：統合マネジメント

　プロジェクトの目的と目標を明確にして、ステークホルダーに周知徹底します。

　WBS 作成：スコープ・マネジメント

　成果物と作業を階層構造に分解し、プロジェクトのスコープを漏れなく重複なく定義します。

　スケジュール作成：タイム・マネジメント

　アクティビティの前後関係に着目して、実効性のあるスケジュールを作ります。

　品質マネジメント計画：品質マネジメント

到達すべき品質レベル、品質保証の方針と方法を策定します。

プロジェクト・チームの編成とチーム育成：人的資源マネジメント

プロジェクトに必要な人を集めて、それぞれの役割を明確にします。不足している人材は育成するか外部から調達します。また、チームを鼓舞して最高のパフォーマンスを引き出します。

コミュニケーション・マネジメント：コミュニケーション・マネジメント

特に、ステークホルダーの間での情報共有が大切です。

ステークホルダー・エンゲージメント：ステークホルダー・マネジメント

ステークホルダーは誰か、プロジェクトへの関心度や影響度を推し量ります。

無関心なステークホルダーには、意欲的な参画意識を促します。

プロジェクトの抵抗者を協力者に変えます。

PMO の設置

教育現場では、多くの場合は学生自身がプロジェクトマネジャーとなります。そこで、教員がプロジェクトマネジメント・オフィス（PMO）の役割を担った、プロジェクトマネジメントを共通言語に用いた学生指導の形が望まれます。

教育現場でプロジェクトマネジメントを使ってみる

第6章では、プロジェクトマネジメントで何を行うのか（What）の理解をゴールにおいて、国際標準プロジェクトマネジメント手法について解説しました。

本章では、プロジェクトマネジメントを、いかに行うのか（How）の理解を目指します。そのため、みなさんには、架空の教育現場を舞台にした模擬的な教育プロジェクトにトライしていただきます。この模擬プロジェクトでは、プロジェクトの立上げから終結までを疑似体験できます。

プロジェクトを進めるうちに、いろいろな「手順」や「ツール・技法」が出てきます。それらの What がわからなくなったときには、第6章に戻って「何を行うのか」を振り返ってください。第6章と本章を行き来するうちに、みなさんの理解は確実に進みます。プロジェクトを終結するころには、国際標準プロジェクトマネジメント手法をすっかり自分のものにできているでしょう。

いよいよ教育プロジェクトの始まりです。

☐ 7.1 プロローグ ─ プロジェクトの始まり

プロジェクトの背景となる人や組織を知ることは大切です。そこで、この模擬プロジェクトのプロローグとして、物語の主人公と、舞台となる学園について紹介します。

この模擬プロジェクトには2人の主人公がいます。薬学部を目指す高校3年生のA介君と、PM学園高校の医歯薬コースの学年主任C堂先生です。

まず、A介君が初登場した第2章に詳細設定を加えてみましょう。

A介君はPM学園高校の医歯薬コースで学ぶ3年生です。国立T大学の薬学部を目指しています。A介君のお家は薬局を営んでいます。祖父が開いた昔ながらの薬局を、薬剤師の父

が継ぎ、地域に根差した薬局として調剤業務と市販薬販売を手掛けています。母も薬剤師として薬局を手伝っています。そんな家庭環境で育ったA介君は、物心ついた頃から将来は自分も薬剤師になるものと思ってきました。両親もA介君が家業を継いでくれると期待しているようです。

　3年生の4月時点でA介君の成績は学年で25番、予備校の行っているセンター試験模試では偏差値59です。英語・数学は得意科目なのですが、化学、生物、物理は得意というほどではありません。国語と世界史は苦手科目のようです。

　つぎに、PM学園高校と医歯薬コース学年主任のC堂先生の設定です。

　PM学園は中高一貫教育を特徴とする男子校です。設立90年の歴史をもつ進学校で、医学部・歯学部・薬学部や、難関国公立大学の理系を目指す生徒のための医歯薬コースを開設しています。

　医歯薬コースでは、中学3年生から順次先行して高等学校の授業内容に入ります。高校生になってからは、特に理数系の科目は深く掘り下げて学習します。週あたり39時間の充実したカリキュラムで授業を展開しています。高校3年生では、志望する大学や学部に向け、センター対策、2次対策に力を注ぎ、補習・講習を取り入れ徹底的に指導しています。

　医歯薬コースは2クラスあり、1クラス30名で編成されています。医歯薬コースは高校からの中途入学がないので、中学からの気心が知れたクラスメートの中で高校生活をおくれます。反面、進学クラスの生徒に独特の競争的で緊張した雰囲気もあります。

　C堂先生は、PM学園高校の医歯薬コース学年主任です。教員生活20年のベテランで、数学を担当しています。生徒に対して面倒見がよく、親身になって進路指導する姿勢には、生徒だけではなく保護者からも大きな信頼を集めています。

　以上の背景を人物相関図で整理すると図7-1になります。

　それでは、プロジェクトの役割に関わる用語を復習する意味を込めて、図7-1の人物相関図でプロジェクトにおける登場人物の立ち位置を確認してみましょう。

　本章の模擬プロジェクトをA介君の「薬学部合格プロジェクト」とします。プロジェクトの求める成果はA介君の国立T大学薬学部合格です。合格するのはA介君です。したがって、国立T大学薬学部合格という成果を受け取るプロジェクトオーナーは、A介君になります。また、A介君の学習計画の作成は、受験生であるA介君自身が行い、模試結果の分析や、学習の進み具合のコントロールもA介君が行います。よって、プロジェクト活動の責任者であるプロジェクトマネジャーもまた、A介君自身です。つまり、A介君はプロジェクトオーナー

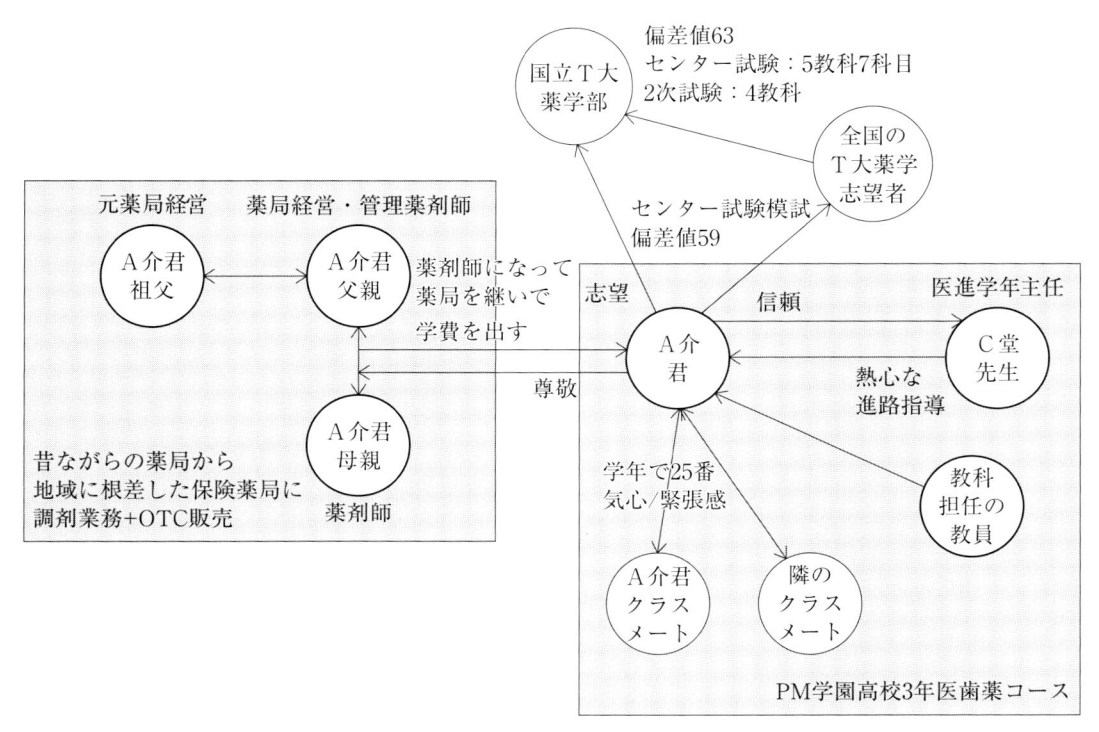

図 7-1 模擬プロジェクトの人物相関図

であると同時に、プロジェクトマネジャーでもあるわけです。さらに、A介君と一緒になっ
て薬学部合格プロジェクトに関わっているという意味で、A介君自身、A介君の保護者（父、
母、祖父）、C堂先生、各教科担当の教員はプロジェクトチームのメンバーといえます。

　さて、C堂先生は、数年前からプロジェクトマネジメント手法を受験指導に取り入れて、医
歯薬コース生徒の合格率向上につなげてきました。C堂先生は、医歯薬コース全体の合格率向
上プロジェクトのプロジェクトマネジャーです。一方で、C堂先生は受験指導を通して、医歯
薬コースの生徒60名分の薬学部合格プロジェクトをプログラムマネジメントしています。こ
の意味では、C堂先生は、ご自身が進めるプロジェクトのプロジェクトマネジャーでありなが
ら、プログラムマネジャー兼プロジェクトマネジメントオフィス（PMO）の役割も担ってい
るといえます（図7-2）。

　A介君の薬学部受験には、学費や参考書代、模擬試験の受験料、国立T大学薬学部の受験
料、場合によると受験用通信教育、塾、予備校夏季講習など、まとまった費用が発生します。
これらの金銭面を工面してくれるのはA介君の保護者（父、母、祖父）です。したがって、

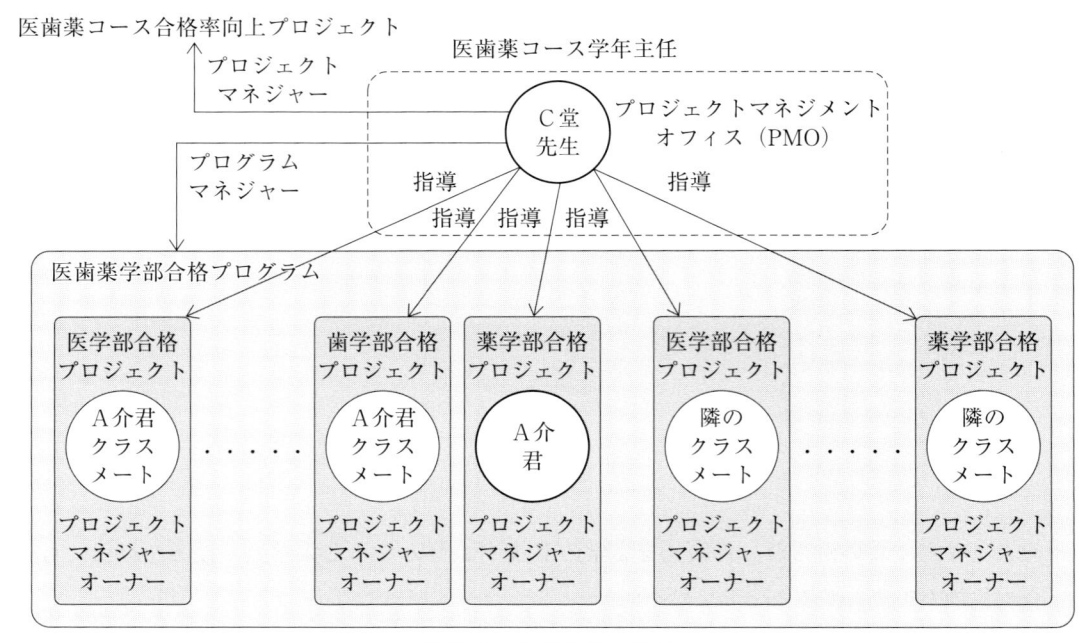

図 7-2　C 堂先生の役割

保護者がスポンサーになります。

　また、A 介君のクラスメートや隣のクラスの生徒、A 介君と同じ国立 T 大学薬学部を志望する受験生がいます。彼らも含めて、図 7-1 の人物相関図に表された、すべての人と集団がプロジェクトに何らかの影響を与え／与えられるステークホルダーになります。

□ **7.2** プロジェクトを立上げる

　プロジェクトは「立上げ」に始まります。プロジェクトの立上げプロセス群では、誰のため、何のためのプロジェクトなのか「目的」を明らかにします。また、情報の授受が必要なステークホルダーを、あらかじめ特定しておきます。

（1）　プロジェクトの目的を定めて承認をえる

　4 月の始業式の日、C 堂先生から 3 年生全員に志望大学調査票が配られました。A 介君が学校から持ち帰った志望大学調査票をまえに、A 介君は両親と志望先について話し合っています。

　Ａ介君：僕は国立 T 大学薬学部を受験したいと思っています。お父さんと同じ大学で勉強して薬剤師になるのが子供の頃からの夢だからね。

　父：国立 T 大学薬学部ならお父さんは賛成だよ。おじいさんも賛成だと思うよ。

　母：お母さんも賛成よ。国立 T 大学薬学部なら、下宿しても家から遠くないし安心だわ。

　父：なるべく浪人しないように、気合を入れて頑張るんだぞ。国立 T 大学薬学部は思っているほど簡単ではないぞ。

　Ａ介君：うん。現役合格できるようにがんばるよ。

　Ａ介君の志望先は保護者である両親に了承されたようです。

　Ａ介君が部屋に戻ったあとも、両親は話し合っています。

　父：そうだなあ、Ａ介の成績だと国立 T 大学薬学部一本でいくとなると……。念のため私学も併願するか。

　浪人させたくないからね。併願先を私学の K 薬科大学とすると入学金や授業料以外にも寄付金や施設充実費も考えないといけないね。

　母：私学も考えるとなると……。

　志望校や費用面で両親の会話はつづき、費用についても目処がついたようです。つまり、プロジェクトのスポンサーは A 介君の保護者です。

　その翌日、4 月初旬のある土曜日、今日は三者面談日です。

　Ｃ堂先生：今日は A 介君の志望校について A 介君本人の希望とお父さん、お母さんのご意見を確認したいと思います。お持ちいただいた志望大学調査票では、国立 T 大学薬学部ということですね。

　Ａ介君：はい。国立 T 大学薬学部を志望します。父と同じ大学に進もうと小さいころから決めていました。

　父：はい、妻も私も賛成しています。下宿は必要になりますが、自宅からあまり遠く離れていないのもいいですね。それから、浪人はさせたくないです。

　Ｃ堂先生：分かりました。国立 T 大学薬学部は偏差値 63 です。前回のセンター試験模試で A 介君は偏差値 59 でしたね。安全圏を狙って偏差値 65 を目指しましょう。

　そういいながら、C 堂先生は三者面談で決まった事柄を A 介君の生徒個別指導記録に記入しています。PM 学園で用いられている生徒個別指導記録は、中学入学から高校卒業まで成績の推移や面談内容を生徒ごとに記録したものです。医療の診療録（カルテ）に似ていますね。

　PMO である C 堂先生の指導で、今まさに A 介君の薬学部合格プロジェクトが立上げられ

ようとしています。プロジェクトを立上げてスタートする人（発起人）をイニシエーターといいます。A 介君はプロジェクトオーナーです。このプロジェクトでは、プロジェクトオーナー自身がイニシエーターとなっています。

　プロジェクトの立上げでは、プロジェクトの目的を文書化します。プロジェクトの目的を文書化したものをプロジェクト憲章といいます。ここでは、生徒個別指導記録がプロジェクト憲章にあたりそうです。プロジェクト憲章がイニシエーターとスポンサーに承認されて、プロジェクトは公式に立ち上がります（**6.2（1）プロジェクト統合マネジメント＞プロジェクト憲章作成**）。イニシエーターはプロジェクトオーナーの A 介君自身で、スポンサーは保護者でした。

　プロジェクト憲章では、プロジェクトの目的、成果物、プロジェクトの終了条件、前提条件、制約条件を明らかにして、プロジェクトノートにまとめます。このプロジェクトでは、三者面談の場で生徒個別指導記録にまとめられています。

　なお、前提条件とは、プロジェクトの立上げにあたり、あらかじめ、ほぼ確実に決まっている事柄です。前提条件は、プロジェクトが進行する過程で変わる場合があります。どのように変わる可能性があるのか、そのときはどう対処するか、リスクとして注意し備えておきましょう。制約条件とは、プロジェクトマネジメントでコントロールできない制限です。

　それでは、A 介君の薬学部合格プロジェクトに当てはめてみましょう。プロジェクトの目的は、国立 T 大学薬学部の入学資格の取得です。ここでは、目的に測定可能な目標を設定しましょう。目標は、安全圏の偏差値 65 です。成果物は、国立 T 大学薬学部の合格通知です。プロジェクトの終了条件は入学試験の合格とします。前提条件は、国立 T 大学薬学部に現役合格できること。制約条件は、受験勉強期間が 9 か月であること、それに受験勉強の予算になります。

　ところで、プロジェクトの目標を記述するとき抑えるべきポイントが 5 つあります。頭文字をとって SMART と覚えましょう。

　　・Specific：具体的に
　　・Measurable：測定可能な、数値化できる
　　・Agreed-upon：合意される
　　・Realistic：高いが現実的で達成可能
　　・Time-Limited：期限がはっきりしている

　A 介君の三者面談も終盤です。C 堂先生は、今日の三者面談で確認した事柄を、生徒個別指

導記録を読み上げて、A 介君および保護者と共有しています。

　C 堂先生：A 介君の志望先は国立 T 大学薬学部で……（中略）。本日の面談ではこのように確認させていただきました。これからの9か月、志望校に合格できるよう一緒にがんばっていきましょう。

　A 介君：はい。がんばります。

　父・母：よろしくお願いします。

　A 介君と保護者である両親、C 堂先生の三者の中で、A 介君の薬学部合格プロジェクトへの想いがひとつに共有されたようです。ここに、A 介君の薬学部合格プロジェクトが立上げられました。

　プロジェクトを立上げたら、プロジェクトの内容を周知徹底します。公式なプロジェクトである旨を宣言し、周知徹底する場をキックオフミーティングといいます。キックオフミーティングは、プロジェクトに関わるメンバー間でプロジェクトの目的と意義を共有し、想いをひとつにまとめる意味でとても有益です。実際にほとんどのプロジェクトでは、主なステークホルダーを集めてキックオフミーティングを開いています。A 介君の薬学部合格プロジェクトの場合は、三者面談がキックオフミーティングを兼ねていたと考えてよいでしょう。

（2）　情報を授受すべき重要なステークホルダーは誰なのか

　プロジェクトのステークホルダーを立上げ段階の早いうちから認識しておくことは重要です。そのために、まず、主なステークホルダーを洗い出します。つぎに、洗い出したステークホルダーのうち、誰が情報を授受すべき重要なステークホルダーなのかを分析します（6.2（10）ステークホルダー・マネジメント＞ステークホルダー特定）。

　情報を授受すべき重要なステークホルダーはどのようにして分かるのでしょうか。多くのステークホルダーを特定し、その中から重要なステークホルダーを見極めるには、図7-3のようなステークホルダー分類モデルを用います。

　図7-3の分類モデルは、関与度×影響度のグリッドです。その他にも、権力×関心度のグリッドや権力×関与度のグリッドがあります。これらのグリッドは、ステークホルダーを分類しやすいように使い分けます。図7-3では、A ゾーンが情報を密に授受すべき重要なステークホルダーです。

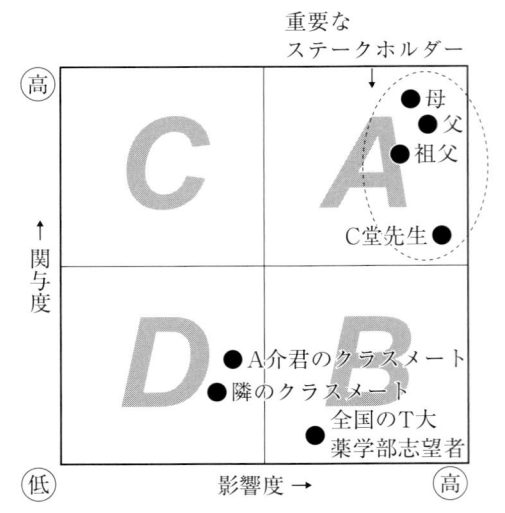

A ゾーン：注意深く意思疎通
B ゾーン：常に情報を伝え共有
C ゾーン：満足な状態をキープ
D ゾーン：当面は見守るだけ

図 7-3　ステークホルダーの分類モデル

☐ **7.3** プロジェクトを計画する

　プロジェクトの計画プロセス群では、プロジェクト全体をどのように進めていくか、あらゆる側面から漏れのない計画を立てます。さらに、スコープ、スケジュール、コストについてマネジメントの基準を作成します。これら3つのマネジメント基準をベースラインといいます。

（1）　プロジェクトのスコープ（範囲）を定める

　プロジェクトの成果物に関する要求事項を収集して、成果物とそのための作業を階層的に分解し WBS を作成します。WBS によって、プロジェクトのスコープを漏れなく重複なく定義できます（6.2（2）スコープ・マネジメント＞要求事項収集 → スコープ定義 → WBS 作成）。定義されたスコープがスコープ・ベースラインになります。

　それでは、WBS はどうやって作成すればよいのでしょうか。

　三者面談の翌日、放課後の進学指導室では、C 堂先生が A 介君に受験までに何をどのように習得するかの落とし込みについて指導しています。

　C 堂先生：国立 T 大学薬学部受験をターゲットにして、これからの習得する対象範囲を確認しよう。ところで、入試科目はセンター試験と個別学力試験（2次試験）、それぞれ分かっているね。

　A 介君：はい。センター試験の入試科目は○○○、個別学力試験の入試科目は△△△です

表 7-1　国立 T 大学 薬学部薬学科の入試科目

センター試験	5 教科 7 科目（360 点満点） 【国語】国語（80） 【数学】数 IA 必須、数 IIB・簿記＊・情報＊から 1、計 2 科目（80） 【理科】物・化・生から 2（80） 【外国語】英・独・仏・中・韓から 1 ［リスニングを課す］（80 ［16］） 《地歴》世 B・日 B・地理 B から選択（40） 《公民》「倫理・政経」（40） 　　※理科は、基礎科目の選択不可 　　選択 → 地歴・公民から 1
個別学力試験	3 教科（450 点満点） 【数学】数 I・数 A・数 II・数 B（数列・ベクトル）・数 III（150） 【理科】「物基・物」・「化基・化」・「生基・生」から 2（150） 【外国語】コミュ英語 I・コミュ英語 II・コミュ英語 III・英語表現 I・英語表現 II・英語会話（備考参照）（150） 【面接】（－）面接の点数化は廃止

（表 7-1）。

　C 堂先生：国立 T 大学薬学部に合格するための要求事項だね。つまり、この要求事項の受験科目をしっかりと習得すれば、国立 T 大学薬学部に合格できるということだよ。

　A 介君：なるほど。でも、こんなにたくさんの科目があって、どこから手をつければよいか焦ってしまいます。

　C 堂先生：たしかに受験科目を一覧にしただけでは、どこから手をつければいいか迷ってしまうね。そういうときには、何をどう勉強すればよいか、具体的に学習内容が見えるまで、受験科目を階層的に分解していけばいい。階層的に分解することを要素分解といい、要素分解した階層図を WBS（Work Breakdown Structure）というのだよ。

　A 介君：受験科目を要素分解するには選択科目も決めないといけませんね。

　C 堂先生：A 介君はどの選択科目で受験するのかな？

　A 介君：センター試験では、数学 II B、物理と生物、英語、世界史 B と日本史 B を選択します。個別学力試験では、化学基礎・化学と生物基礎・生物を選択しようと思います。

　C 堂先生：まず、A 介君の受験科目を必須科目と選択科目に分解してみようか。

　A 介君：こんな感じでしょうか（図 7-4）。

　C 堂先生：そう。そんな感じだね。ところで、君たち医歯薬コースは、2 年生までに数学 I A、II B の応用問題集、数 III の基礎問題集、理科 2 教科の基礎問題集、英語長文を習得し終

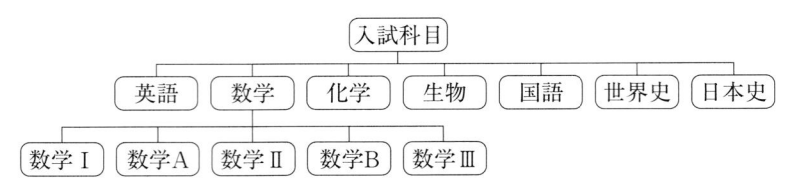

図 7-4　国立 T 大学薬学部入試教科と科目の要素分解（一部のみ）

わっているね。だから、3 年生の夏休み終了時点で数理英の応用問題集まで習得し終わって、秋以降は国語、社会の習得と過去問演習を行えるように学習を進めてもらうことになるよ。これを WBS に反映してみよう。

　A 介君：こうなりました（図 7-5）。

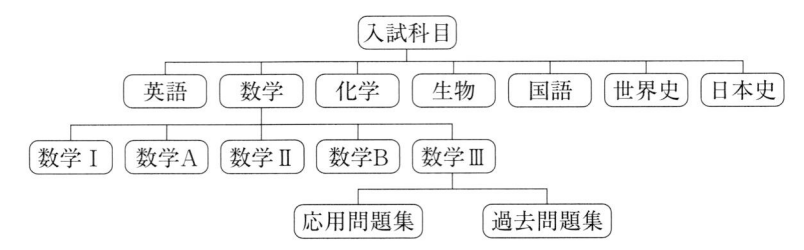

図 7-5　3 年生のカリキュラムを WBS に反映（一部のみ）

　C 堂先生：さらに、具体的に学習内容がイメージできるまで要素分解してみよう。

　A 介君：僕は、基本問題は大丈夫なのですが、応用問題で素早く解法に気づけるかスピードに課題があると考えました。そこで、応用問題集を何度も解いて解法パターンを徹底的に修得

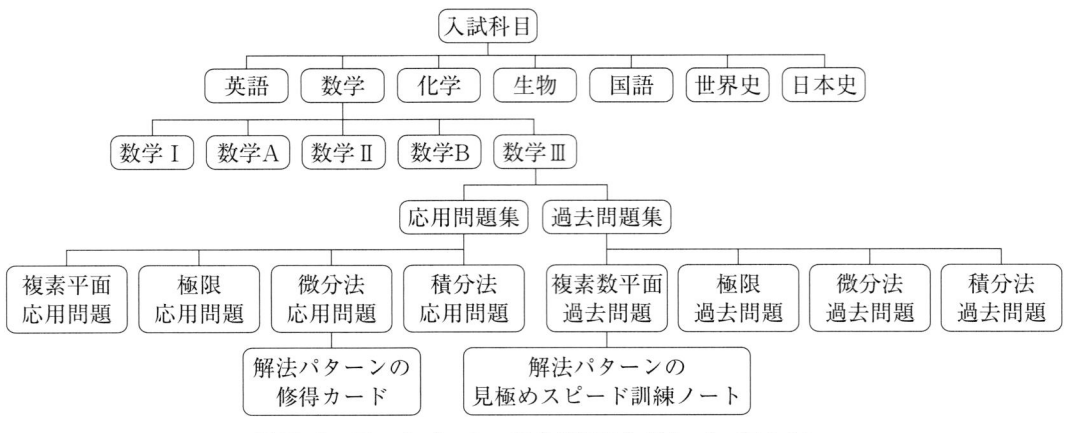

図 7-6　ワークパッケージを WBS に追加（一部のみ）

することと、過去問題集で解法を素早く見つける練習を積むことにしました。（図7-6）。

　Ｃ堂先生：補強ポイントを客観的に捉えたうまい学習方法を見つけたね。具体的に学習内容が見えるまで分解した成果物（作業ではない）をワークパッケージというよ。ワークパッケージは漏れなく重複なく構造化されていることが大切なのだよ。

　Ａ介君は、どうやらWBSを作るコツを掴めたようです。実際には、数学Ⅲだけではなく、すべての教科・科目をワークパッケージのレベルまで要素分解します。繰り返しますが、漏れなく重複なく要素分解しましょう。

（2）　プロジェクトのスケジュールを決める

　プロジェクトを決められた期限どおりに終わらせるには、基準となるスケジュールが必要です。この基準をスケジュール・ベースラインといいます。

　スケジュール作成では、WBSをもとに具体的な作業を定義して、それらの作業の順序を考えて、作業に必要な物品や人など洗い出し、それぞれの作業期間を見積もり、スケジュールにまとめます（6.2（3）タイム・マネジメント＞アクティビティ定義 → アクティビティ順序設定 → アクティビティ資源見積り → アクティビティ所要期間見積り → スケジュール作成）。

　ちなみに、WBSの要素分解したワークパッケージに対して、ワークパッケージを作りだすために必要な作業をアクティビティとよびます。

　それでは、Ｃ堂先生の指導でスケジュール作りを始めましょう。

　Ｃ堂先生：WBSで学習内容を具体的にイメージできたね。次はイメージできた学習内容を、実際に学習する方法に要素分解してみよう。実際に行う学習は作業なので、「（何を）を（どう）する」と表現すると分かりやすいね。

　Ａ介君：はい。例えば、数学Ⅲの応用問題集だったら、解法パターンを瞬間で判別できるように応用問題を何度も繰り返し解きます。解法パターンを修得カードにまとめて、解法パターンを何度も繰り返して修得します。それから、時間内での高得点を目指せる訓練をするかな……（中略）それから……（中略）

　Ａ介君は、アクティビティを次々と定義していきます。

　Ａ介君：実際に行う学習方法はこうなりました（図7-7）。

　Ｃ堂先生：うん、いい感じに具体的な勉強方法に落とし込めたね。ワークパッケージが成果物なのに対して、アクティビティは作業であるところを忘れないようにしよう。あと、すぐに取りかかる学習方法は詳しく要素分解できるけど、先になるほどイメージしづらいと思う。先

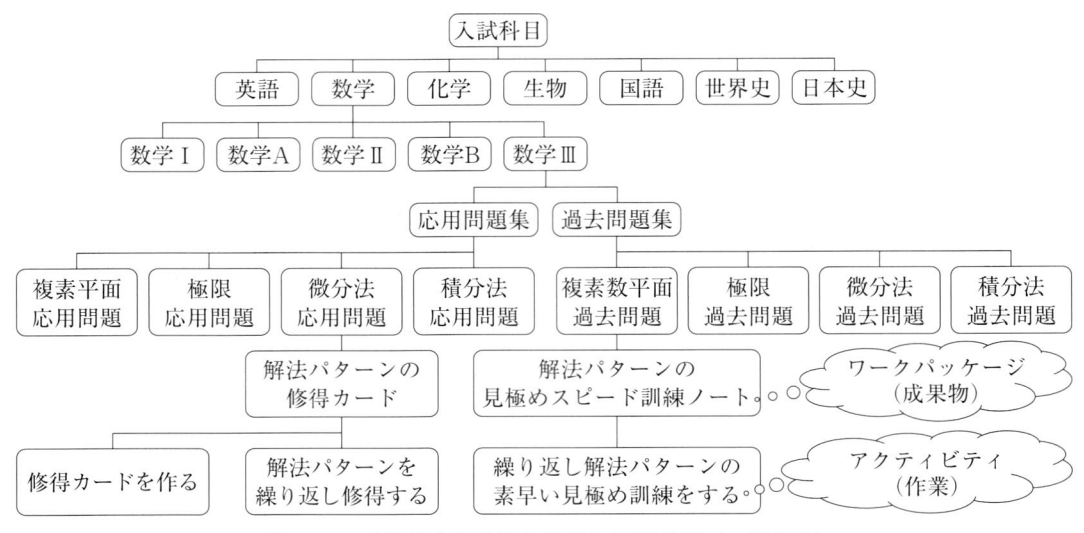

図 7-7　成果物を具体的な作業に要素分解（一部のみ）

の学習内容は段階的に詳しくすればいいので、今はあまり気にしなくても大丈夫だから（ローリング・ウェーブ計画法という）。

　C 堂先生：さて、勉強内容と具体的な学習方法が出そろったところで、つぎに、学習の順序を考えてみよう。学習の順序を考えるにあたっては、アクティビティを実行する順序を論理的な依存関係で捉えると分かりやすいね。これには、つぎの 4 つのパターンがあるのだよ。

　　・終了 — 開始関係（FS）：あるアクティビティを完了すると関連するアクティビティを開始できる関係、例）英単語カードを作る — 暗記する

　　・終了 — 終了関係（FF）：あるアクティビティ完了すると関連するアクティビティも完了できる関係、例）模擬問題 A を解き終わる — 模擬問題 B を解き終わる

　　・開始 — 開始関係（SS）：あるアクティビティを開始すると関連するアクティビティも開始できる関係、例）微分法に手をつける — 積分法に手をつける

　　・開始 — 終了関係（SF）：あるアクティビティを開始すると関連するアクティビティを完了できる関係、例）国立の入学手続き — 私学の受験対策

　C 堂先生：アクティビティの順序を考えたらこんな図にしてみよう（図7-8）。この図をネットワーク図（プレシデンス・ダイアグラム法：PDM）と言うよ。

　C 堂先生：ネットワーク図が描けたら、アクティビティを実行するために必要な物を見積も

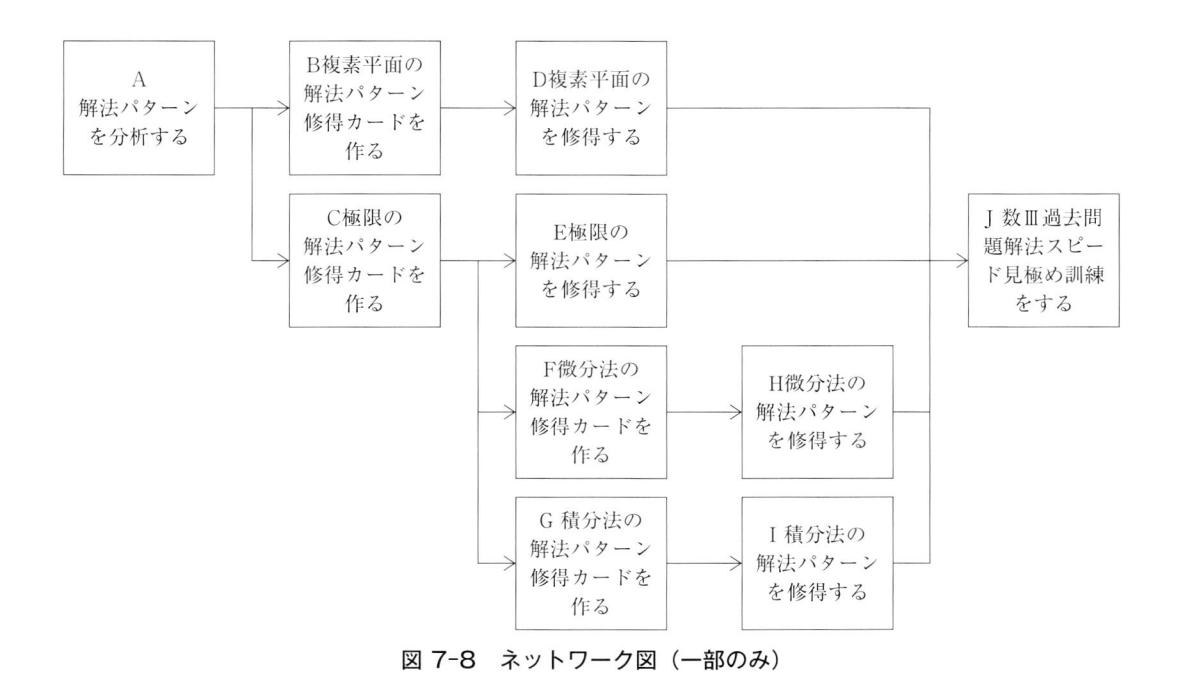

図 7-8　ネットワーク図（一部のみ）

ろう。応用問題集や過去問題集がこれにあたる。書籍代などのコスト見積りとも関連するので漏れのないように気をつけるように。あとでコスト予算の作成に使うので、見積もった必要なものは一覧表にして残しておくといいよ。

　Ａ介君：はい。

　Ｃ堂先生：つぎに、アクティビティの所要期間を見積もって、ネットワーク図に書き込んでみよう。

　Ａ介君：所要時間の正確な見積りは難しいですね。

　Ｃ堂先生：そうだね。これまでの学習経験からだけでなく、三点見積りという方法を使ってみよう。三点見積りは、アクティビティの所要期間を楽観的に見積もった値（楽観値）、現実的に見積もった値（現実値）、悲観的に見積もった値（悲観値）の平均をとって予測する方法だよ。

　Ａ介君：ということは、アクティビティ A の楽観値が 10 日、現実値が 11 日、悲観値が 15 日なら、予測値 = (10+11+15)÷3=12 日となりますね。

　Ｃ堂先生：そのとおり。つぎに、アクティビティを最も早く開始できる日（ES：Early Start）と最も早く終了できる日（EF：Early Finish）、最も遅く開始できる日（LS：Latest

Start）と最も遅く終了できる日（LF：Latest Finish）、アクティビティの所用期間と余裕期間を設定しよう。所要期間はアクティビティを完了するのにかかる期間のこと、余裕期間はプロジェクトに影響を与えずアクティビティを遅らせられる期間のことだよ。余裕期間はフロートともいうよ。アクティビティの所要期間は開始から終了まで、ちょうど駅伝のように往路と復路でそれぞれ計算して設定するよ。まず、往路時間を以下のとおり計算してみよう。

【往路時間計算（フォワード・パス）】

最早開始日 ES ＝ 先行アクティビティの最早終了日 EF

最早終了日 EF ＝ 最早開始日 ES ＋ 所要時間

Ａ介君：先行アクティビティが複数あるアクティビティ J の最早開始日 ES はどう求めればよいのでしょうか？

Ｃ堂先生：先行アクティビティ D の最早終了日 EF が 22、先行アクティビティ E の最早終了日 EF が 20、先行アクティビティ H の最早終了日 EF が 25、先行アクティビティ I の最早終了日 EF が 23 なので、最も値の大きい先行アクティビティ H が終了すれば、アクティビティ J は 25 に開始できるね。よって、アクティビティ C の最早開始日 ES は 16 と考えられるね。

Ａ介君：分かりました。

Ｃ堂先生：つぎに、復路時間と余裕期間を計算してみよう。

【復路時間計算（バックワード・パス）】

最遅終了日 LF ＝ 後続アクティビティの最遅開始日 LS

最遅終了日 LS ＝ 最遅開始日 LF － 所要時間

【余裕期間の計算】

フロート ＝ 各アクティビティの最遅終了日 LF － 最早終了日 EF

Ａ介君：後続アクティビティが複数あるアクティビティ C の最遅終了日 LF はどう求めればよいのでしょうか？

Ｃ堂先生：後続アクティビティ E の最遅開始日 LS が 21、後続アクティビティ F の最遅開始日 LS が 16、後続アクティビティ G の最遅開始日 LS が 18 なので、アクティビティ C は遅くとも 16 に終了していなければならないね。よって、アクティビティ C の最遅終了日は 16 と考えられるね。

Ａ介君：なるほど。そうすると、往路時間計算と復路時間計算ではこうなりました（図 7-9）。

Ｃ堂先生：そうだね。所要期間が最長のパスをクリティカルパスというよ。クリティカルパ

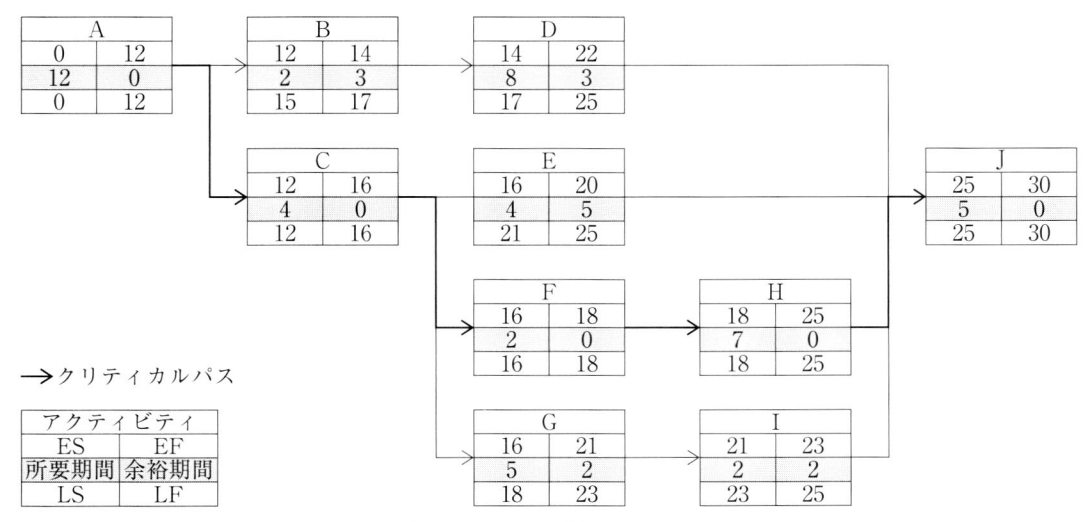

→クリティカルパス

アクティビティ	
ES	EF
所要期間	余裕期間
LS	LF

図 7-9　ネットワーク分析とクリティカルパス

ス上のアクティビティのフロートは0だから、クリティカルパス上のアクティビティの遅れはプロジェクト全体の遅れにつながってしまうんだよ。

　A介君：この例では、クリティカルパスはアクティビティ A → C → F → H → J のパスで、所要期間は 12+4+2+7+5=30 日になります。

　C堂先生：ネットワーク図を作り、これでクリティカルパスが見つかったね。しかし、アクティビティの余裕期間が分かっても、いつ、どのアクティビティを実行するか分かりづらいね。そこで、ガントチャートというスケジュール表に落とし込んで分かりやすくするんだ。ガントチャートは、縦軸にアクティビティ、横軸に時間をとった線表で、横線の長さでアクティビティの所要期間を表す図だよ。

　A介君：ガントチャートはどうやって作るのでしょうか。

　C堂先生：ガントチャートの作り方を説明しよう。ガントチャートでは、あらかじめつぎの記号を決めておこう。どんな記号でもよいけど、例えば、△はアクティビティの開始、▽はアクティビティの終了、━はアクティビティの所要期間、□はフロート、｜は作業の依存関係と決めよう。ガントチャートは以下の手順で作成するよ。

【ガントチャートの作成手順】

①　各アクティビティを実行する順にガントチャートに書き込みます。このとき、クリティカルパス上のアクティビティを上に書くようにしよう。ただし、クリティカルパスと非クリティカルパスが合流するアクティビティは、非クリティカルパスをクリティカルパスの

上にもってこよう。

② アクティビティの最早開始日を△、最早終了日▽で示し、所要期間 ― で結びます。

③ クリティカルパス上にないアクティビティに、フロート□と最遅終了日▽を書き込みます。ただし、前後のアクティビティのフロートが同じなら、共有フロートなので後続アクティビティに書き込みます。

④ 先行アクティビティの終了▽と後続アクティビティの開始△を作業の縦線｜で結び依存関係を示します。

⑤ クリティカルパスが分かりやすいように、所要期間 ― や依存関係｜を太くします。

Ｃ堂先生：では、ガントチャートを作ってみよう。

Ａ介君：はい。ガントチャートでスケジュールを作成すると図7-10 のようになりました。

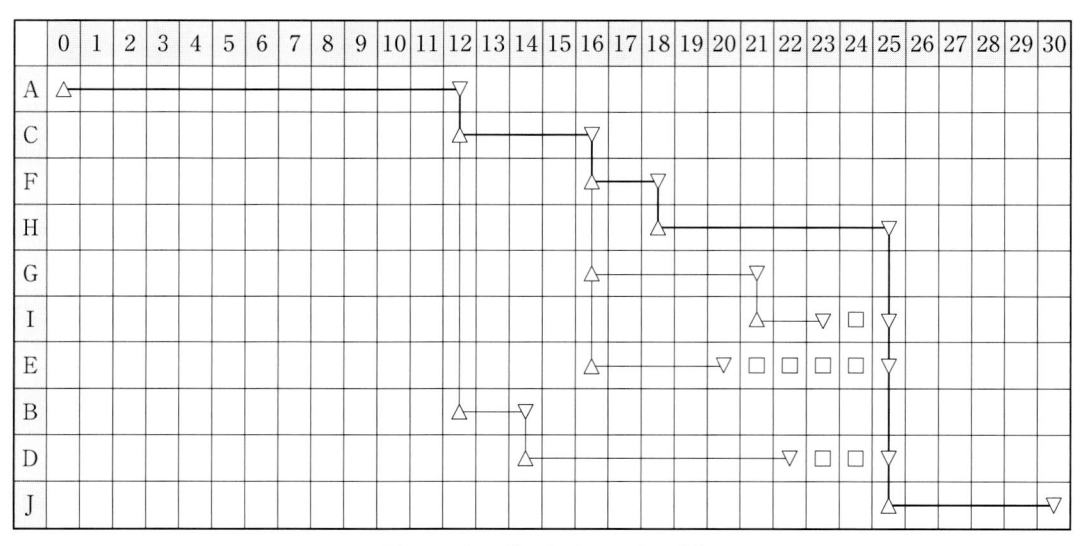

図 7-10　ガントチャートの例

　Ｃ堂先生：スケジュールをガントチャートで表すと、クリティカルパスだけでなく、アクティビティＢとD、アクティビティＧとIが、フロートを共有しているのがよく分かるね。

　Ｃ堂先生：これで、国立Ｔ大学薬学部の受験科目を網羅した受験勉強のスケジュールが完成だよ。スケジュールに遅れがでないようにしっかりと学習を進めていこう。

　Ａ介君：はい。がんばります。

（3）　予算を計画する

　プロジェクトを進めるにはコストがかかります。コストはあらかじめ見積もり、予算として確保しておきます。予算は段階的に詳細化します。しかし、プロジェクトのできるだけ早い段階で粗々でも見積もっておくべきです。A 介君の薬学部合格プロジェクトでも、プロジェクトの立上げ段階で、プロジェクトのスポンサーである保護者が費用について話し合っています（7.2（1）参照）。さらに詳細なコストは、アクティビティ資源見積り（7.3（2）参照）で作成した必要なもの一覧表をもとにして、コストを見積もり、予算化します（6.2（4）コスト・マネジメント＞コスト見積り → 予算設定）。設定された予算がコスト・ベースラインになります。このコスト・ベースラインを基準に予算を超過しないように、プロジェクト期間を通じてマネジメントします。

　では、誰が予算を計画してマネジメントするのでしょうか。

　一般には、プロジェクトマネジャーがリーダーシップをとり、計画してマネジメントします。しかし、生徒である A 介君がプロジェクトマネジャーである本プロジェクトでは、少し事情が異なるようです。常識的にいって、まだ被扶養者である A 介君が薬学部合格プロジェクトのコストをマネジメントすることはないでしょう。現実的には、A 介君の扶養者でありプロジェクトのスポンサーである保護者がコストを予算化してマネジメントするでしょう。つまり、保護者がプロジェクトチームのメンバーとして、コスト・マネジメントに関してはリーダーシップをとっているといえます。この点は、被扶養者がプロジェクトマネジャーである本プロジェクトの特徴的な側面といえるでしょう。このように、リーダーシップがプロジェクトマネジャーに固定されることなく、適材適所でプロジェクトチームのメンバーがリーダーシップを発揮するプロジェクトマネジメントの形を、マルチ・リーダーシップ・マネジメントといいます。

　また、コストの見積りは、プロジェクトに必要な費目を決めて、費目ごとに見積もります。例えば、A 介君の薬学部合格プロジェクトでは主な費目として、授業料学費、教材書籍費、旅費宿泊費、受験料、予備費などが考えられます。PM 学園高校だけでなく、予備校や家庭教師などを利用する可能性を考えることがポイントです。想定外の費用やプロジェクト完了後の維持コストも忘れずに予算化することが重要です。

（4）　いかに品質を作り込むかを計画する

　プロジェクトの成果物の品質目標と品質目標を達成する方法を計画します（6.2（5）品質マネジメント＞品質マネジメント計画）。Ａ介君の薬学部合格プロジェクトの成果物は、国立Ｔ大学薬学部の合格通知です。しかし、合格通知の品質は合格と不合格しかありません。そこで、本プロジェクトでは、国立Ｔ大学薬学部に合格するための学習そのものについて、その品質を作り込みます。

　では、学習の品質とは何でしょうか。測定可能な品質の到達レベルをどう捉えればよいのでしょうか。

　Ｃ堂先生：Ａ介君の受験勉強が適切か、学習の質の観点からを考えてみよう。まず、学習の質を学習成果において、測定できる到達レベルで捉えてみよう。Ａ介君の志望する国立Ｔ大学薬学部の合格者の平均偏差値は、知っているかい。

　Ａ介君：はい。医歯薬予備校の公開データによれば、合格者の平均偏差値は63だそうです。

　Ｃ堂先生：そうすると、目標とする到達レベルは、合格者の平均偏差値63に対して安全圏の偏差値65になるね。では、Ａ介君の現在の偏差値はどうかな。

　Ａ介君：前回の医歯薬予備校のセンター試験全国模試では偏差値59でした。

　Ｃ堂先生：では、これからの9か月で偏差値を6上げる必要があるね。まず、学習の質を成果で捉えて、達成レベル偏差値65としよう。

　Ａ介君：はい。

　Ｃ堂先生：つぎに、科目別にばらつきを見てみよう。Ａ介君の得意科目と苦手科目は何かな。

　Ａ介君：英語・数学・生物は得意科目なのですが、化学と物理は得意というほどではありません。国語と世界史は苦手科目です。

　Ｃ堂先生：苦手科目の国語と世界史については、まずは学習スケジュールをこなすとしよう。得意科目の英語・数学・生物をさらに伸ばすとすると、改善点をどう考えるかな。試験の解答プロセスで考えてみよう。

　Ａ介君：主に問題の読み間違いや計算ミス、数式の書き間違いなどケアレスミスで点を落としています（図7-11）。

　Ｃ堂先生：そうか。では、得意科目でケアレスミスなんかで得点を取りこぼさないように、応用問題や過去問題を解くときにミス発生件数を記録しながら改善してみよう。

　このように、成果物自体に品質を定義しづらいプロジェクトでは、成果を達成するための活

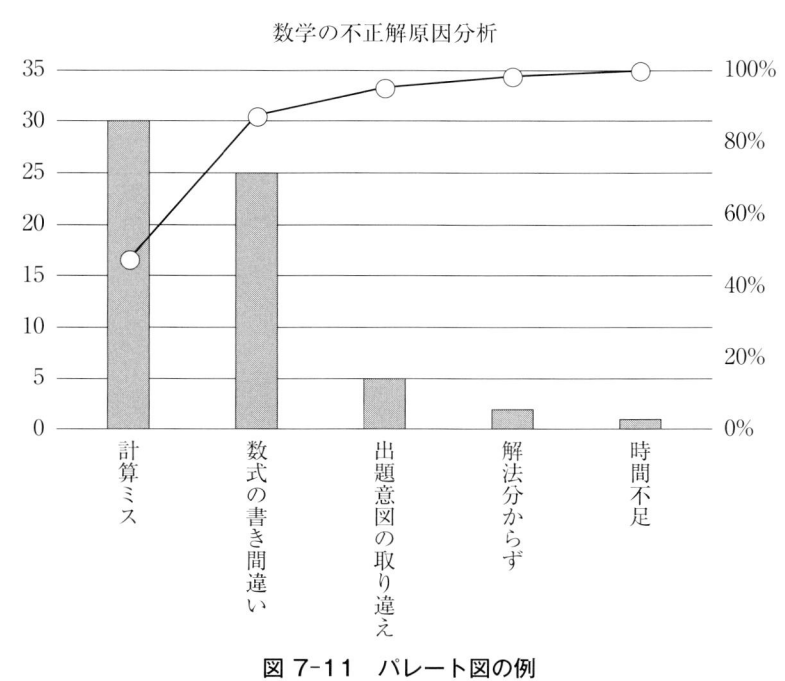

数学の不正解原因分析

図 7-11　パレート図の例

動について品質をマネジメントします。図7-11のパレート図などQCの七つ道具を利用して品質の改善をはかります。

（5）　プロジェクトメンバーの役割や責任を明らかにする

　プロジェクトの目的を達成するために必要なメンバーを洗い出して、メンバーの役割や責任、必要なスキルを明らかにしておきます（6.2（6）人的資源マネジメント＞人的資源マネジメント計画）。

　メンバーの役割と責任をまとめた責任分担表RAM（Responsibility Assignment Matrix）

表 7-2　責任分担表の例（RACI チャート）

RACI チャート	A 介君の受験合格プロジェクト・メンバー						
アクティビティ	A 介	父	母	祖父	C 堂先生	英語担任	物理担任
○○を○○する	AR	C	C	I	C	C	I
○○を○○する	R	A	C	I	C	I	C
○○を○○する	AR	C	C	I	A	I	I

R：Responsible 実行責任者　　A：Accountable 説明責任者　　C：Consult 相談対応　　I：Inform 情報提供

は、誰が何を実行して何に責任をもつのかをプロジェクト内で共有するために特に重要です。表7-2は責任分担表RAMの一種でRACIチャートとよばれ、実務でよく用いられます。

　RACIチャートでは、列にプロジェクトのメンバーを、行にアクティビティごとにメンバーの責任分担を役割の頭文字で記述します。一般に、一人のメンバーの役割は一つですが、薬学部合格プロジェクトでは、A介君に実行責任者Rと説明責任者Aが分担されるアクティビティがあります。この点は、受験生がプロジェクトマネジャーである本プロジェクトの特徴的な側面といえます。

（6）　情報の受け渡しや意思疎通のしくみを作る

　プロジェクトに関わるステークホルダーの誰が、いつ、どのような情報を求めているか、どのような想いを伝えようとするかを明らかにし、そ のための手段や場の設定を計画します（6.2（7）コミュニケーション・マネジメント＞コミュニケーション・マネジメント計画）。

　教育プロジェクトでは、学年歴といった年間スケジュールで、多くの会議体や懇談会が設定されています。これらの学校側が決めた手段や場の設定では、教員同士や、教員と保護者、あるいは教員と生徒など、いずれの場合も教員を起点とした情報の授受や意思疎通が中心となりがちです。しかし、A介君の薬学部合格プロジェクトのように生徒がプロジェクトマネジャーとなるケースでは、生徒や保護者が起点となった情報の授受や意思疎通の手段や場づくりが求められます。学校だけではなく、家庭や、塾・予備校など場のニーズも多様です。こうした教員以外のステークホルダーを起点とした情報の授受や意思疎通についても、しくみづくりをしっかりとしておくべきでしょう。

　例えば、放課後や休み時間にA介君が職員室を訪ねて、C堂先生に進学相談することがあるでしょう。家庭で、夕食をとりながらA介君の両親がA介君に受験勉強の進み具合や模擬試験の手ごたえを尋ねることもあるでしょう。

　これらの多様なコミュニケーション・ニーズに対して、情報の授受や意思疎通のしくみをあらかじめ決めておくことが重要です。

（7）　リスクに備える

　A介君の薬学部合格プロジェクトの前提条件は現役合格でした。失敗は許されません。プロジェクトから不確実性をできるだけ排除するため、好機となるリスクと脅威となるリスクを特定し、分析し、対処を検討することでリスクに備えます（6.2（8）リスク・マネジメント

＞リスク特定 → 定性的リスク分析 → リスク対応計画）。

　C堂先生：これから受験までの9か月と合格待ちの1か月にはいろんなリスクが起こるだろう。現役合格が前提で失敗は許されないから、なおさらリスクに備えておかないとね。そこで、リスクに適切に対応するための準備をしておこう。

　A介君：リスクに備える必要性は理解しています。しかし、具体的にどのようにすればよいのかが分かりません。

　C堂先生：それでは、リスクに備えるための手順について説明しよう。まずは、リスクを洗い出してみよう。しかし、ただ闇雲に洗い出そうとしても抜け漏れが出てしまうよ。そこで、スケジュール、スコープ、コストの3つのベースラインを切り口に要素分解で構造化してみよう。リスクを要素分解で構造化した図をRBS（Risk Breakdown Structure）というよ。また、リスク認識を薬学部合格プロジェクトチームで共有する意味で、保護者も交えてみんなで洗い出すのが理想だね。

　A介君：はい。

　C堂先生：スケジュールであれば、クリティカルパス上やフロートの少ないアクティビティ、先行アクティビティが多数ある後続アクティビティ、所要期間を楽観的に見積もったアクティビティを要素分解の切り口にすると洗い出しやすいよ。スコープ・品質では、ステークホルダーのニーズ変更や実行責任者の状況に着目しよう。要員や予算では、特別な知識やスキルが求められる役割やブレの大きい予算に着目しよう。

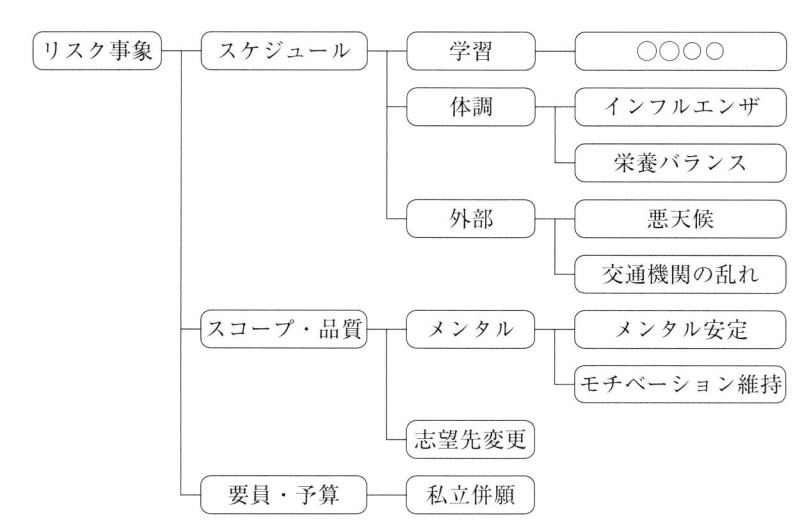

図 7-12　リスクの特定 RBS の例（一部のみ）

　Ａ介君はＣ堂先生と話し合いながら、次々とリスクを特定していきます。

　Ａ介君：実際にやってみるとこんな感じになりました（図7-12）。なるほど、RBSを用いて構造化すれば、リスクを漏れなく重複なく特定できるのが分かりました。今晩にでもこれをたたき台に父や母ともリスクを洗い出してみます。

　Ｃ堂先生：つぎに、特定したリスクを評価してみよう。リスクは評価して、対処するべき優先度を決めるんだ。リスクすべてに対策を講じるのは非効率だし、現実的ではないからね。そこで、特定したリスク事象を発生する確率と発生した時の影響度で評価するんだ。さらに発生確率の高くて影響後も大きいリスクについては、その原因や要因もあわせて検討しておこう。

　Ａ介君：分かりました。

　Ｃ堂先生：つぎに、RBSで特定したリスクとその評価結果を登録簿に記載しよう。表7-3の例では、発生確率と影響度は5段階で評価、緊急度は高・中・低の3段階、優先度はリスクスコアと緊急度から5段階で評価しているよ。対応策では、事前か事後かのトリガーポイントを具体的にしよう。

表 7-3　リスク登録簿の例（一部のみ）

リスク事象	原因・要因	発生確率 P	影響度 I	リスクスコア P×I	緊急度 高・中・低	優先度	対処責任者	対応策 事前・事後
プロジェクトの遅れ	インフルエンザ感染	5	5	25	高	2	Ａ介	予防注射の接種事前
	栄養バランスの崩れ	3	3	9	低	5	母	バランスの良い食事メニュー事前
	モティベーション低下	3	4	12	中	3	Ａ介	気分転換大学案内の閲覧事後

☐ 7.4　プロジェクトを実行する

　プロジェクトの実行プロセス群では、計画されたアクティビティを実行するだけではありません。プロジェクトメンバーの士気を高めたり、プロジェクトの品質を保証したり、ステークホルダーへの働きかけを行います。

（1）　プロジェクトチームを育てる

　プロジェクトの実行に必要なメンバーを編成し、必要なスキルを育成または調達します（6.2（6）人的資源マネジメント＞プロジェクト編成 → プロジェクトチーム育成 → プロジェクトチーム・マネジメント）。

　本プロジェクトは、A 介君の薬学部合格プロジェクトです。プロジェクトオーナーであり、プロジェクトマネジャーでもある A 介君の学力を、志望校合格レベルまで高めるプロジェクトです。そもそも、A 介君の育成がテーマなのですから、アクティビティのほとんどは A 介君が実行責任者の学習です。プロジェクトマネジャー自身の育成プロジェクトという意味において、本プロジェクトは特殊かもしれません。

　一方で、プロジェクトの目的達成にむけて不足する人材を補うという観点では、家庭教師を新たにお願いしたり、医進予備校の夏期講習へ参加する場合があります。家庭教師や予備校講師が新たにプロジェクトチームに加わり、新たなステークホルダーになります。コスト・ベースラインの変更やコミュニケーション計画、ステークホルダー登録簿への変更要求が発生します。

（2）　ステークホルダーとのよい関係を作る

　ステークホルダーに働きかけて、積極的で好意的な関与を引き出し、よい関係を築きます（6.2（10）ステークホルダー・マネジメント＞プステークホルダー・エンゲージメント・マネジメント）。ステークホルダーとのよい関係づくりは、プロジェクトの成功確率を高めます。

　具体的には、ステークホルダーの期待やニーズに応え、ステークホルダーが引き起こす課題に対処し、コミュニケーションを通してステークホルダーと良好な関係を築きます。また、ステーホルダーと積極的に協働して、プロジェクト活動への協力的な関与を促します。

　プロジェクトの協力者を増やすにはステークホルダーとどう関わるか、その実践例は以下のとおりです。

- ・プロジェクトのはじめに、最も深刻な抵抗者から人間関係を築く努力を始めます。
- ・プロジェクトの目的、目標、成果、リスクを全員にとっての利益の視点で共有します。
- ・プロジェクトの成果を信じて、ステークホルダーの期待と誠実に向きあいます。
- ・ステークホルダーの反応を事前に予測して、課題に先手を打ちます。そうすることで、ステークホルダーの支援を得るか、悪影響を最小限にとどめます。

・潜在する懸念事項はリスクと関連づけて、できるかぎり迅速に特定して話しあうようにします。

　無関心なステークホルダーに参画意識を促して、抵抗者を協力者に変えるのは決してやさしくはありません。だからこそ、プロジェクトマネジャーは、自ら率先して日常的に粘り強くステークホルダーに働きかけるよう心がけましょう。

□ 7.5　プロジェクトを監視・コントロールする

　プロジェクトの監視・コントロール・プロセス群では、プロジェクトの計画と実績との差異を監視して、差異があれば解消するために変更をコントロールします。

（1）スコープの変更をコントロールする

　プロジェクトでスコープは変化するものです。なぜなら、プロジェクトオーナーや他のステークホルダーのニーズが変化するからです。そこで、ステークホルダーのニーズの変化をタイムリーに捉えて、スコープの変化が妥当であれば、スコープ・ベースラインの変更を行います（6.2（2）スコープ・マネジメント＞スコープ妥当性確認 → スコープ・コントロール）。

　父：願書を出す時期が近くなったね。A 介の現在の偏差値は 63、模擬試験の合格判定は A だけど、偏差値では国立 T 大学薬学部の合格ラインとちょうど同じだね。そこで、どうだろう。念のため私学の K 薬科大学も併願してみては。浪人は駄目だからね。

　A 介君：でも、国立と私学では入試科目が違うからね。このタイミングで併願できるか、明日の放課後に C 堂先生に相談してみます。

　母：K 薬科大学の費用面はお父さんとお母さんに任せておけばいいのよ。A 介は勉強のことだけ考えてね。

　翌日の放課後、進学指導室で A 介君は C 堂先生に相談しています。

　A 介君：昨夜、父から私学の K 薬科大学も併願を勧められました。母も賛成しています。確かに今の偏差値では、確実に国立 T 大学薬学部に合格できる安全圏とは言えないですからねえ。でも、入試科目が違うので迷っています

　C 堂先生：K 薬科大学薬学部の入試科目は表 7-4 のとおりだよ。A 介君は、英語・数学が得意科目、化学は得意とまでは言えないが苦手ではない。得意科目で得点をのばせば、狙えないことはないと思うよ。得意科目の得点を伸ばすのであれば、第一志望の国立 T 大学薬学部

表 7-4　K 薬科大学薬学部薬学科の入試科目

教科	科目
数学	数学 I・数学 II・数学 A・数学 B　※数学 B は数列、ベクトル　90 分（200 点）
外国語	コミュニケーション英語 I・コミュニケーション英語 II・コミュニケーション英語 III・英語表現 I・英語表現 II　90 分（200 点）
理科	化学基礎・化学　90 分（200 点）

の合格も、さらに確実にできるよ。

　C 堂先生：だだ、得意科目の得点を伸ばすためには学習のワークパッケージを変更しなければならないね。言い換えれば、プロジェクトのスコープが変わることになるよ。

　A 介君：プロジェクトのスコープが変わると何をどうすればいいのでしょうか。

　C 堂先生：では、スコープ変更管理の手続きについて説明しよう。まず、変更理由と効果を評価しよう。理由と効果は、先程の経緯から妥当性に問題はないよ。つぎに、プロジェクトへの影響を評価しよう。これも影響は好機と評価できるね。よって、このスコープ変更は採用と判断できる。最後に関係者に伝えて、影響がおよぶ範囲のスケジュール・ベースラインとコスト・ベースラインに反映すればいいよ。変更履歴への登録も忘れずにね。

　A 介君：分かりました。

（2）スケジュールの遅れに対処する

　プロジェクトがスケジュール・ベースラインどおりに進んでいるか、実績データを集めて計画と比べます。計画と実績に差異があれば、その原因を究明して影響を分析します。そして、是正対策を講じるとともに計画を更新します（6.2（3）**タイム・マネジメント＞スケジュール・コントロール**）。

　C 堂先生：A 介君、×月×日現在のスケジュールの進み具合はどうだろう。

　A 介君：図 7-13 のガントチャートでは、計画に対してアクティビティ C の完了が 1 日遅れた結果、アクティビティ F の開始と終了、アクティビティ H と G と E の開始が 1 日遅れました。アクティビティ H と G の 1 日の遅れは取り戻せていません。アクティビティ B は計画どおりに進捗して、計画どおりに開始したアクティビティ D は 1 日前倒しで進捗しています。

　図 7-13 のガントチャートでは、△、▽、□および薄い線分 ━ は計画を、▲、▼、■および濃い線分 ━ は実績を意味します。

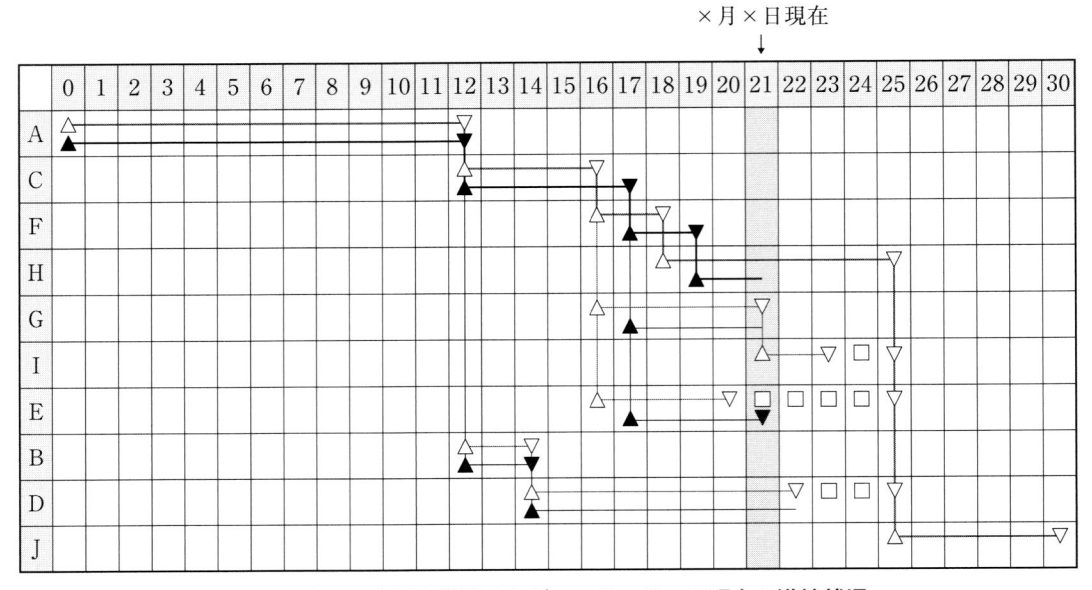

図 7-13　A介君の学習スケジュール×月×日現在の進捗状況

　C堂先生：このプロジェクトは順調といえるだろうか。

　A介君：あまり順調ではないと思います。なぜなら、アクティビティEの遅れはフロートで吸収されていますが、アクティビティHはクリティカルパス上にあるので、Hの遅れを取り戻さないと、プロジェクト全体に影響が出ます。

　C堂先生：では、どう対処すればいいだろう。

　A介君：クリティカルパス上のアクティビティCで、はじめての修得カードづくりに当初は手間取ったのが原因です。アクティビティHに集中して遅れを取り戻します。並行して実行中のアクティビティGとEとDはいずれもフロートが残っているので、1日なら実行を中断しても問題ありません。

　C堂先生：そのとおり。このようにクリティカルパスに注目して、フロートをうまく使えば対処できるよ。大切なのは、遅れが発生した原因や要因を明らかにすることだね。

　A介君は、スケジュールを監視・コントロールする方法を修得したようです。薬学部合格プロジェクトのように入試日をずらせない、つまり、期日の制約条件が絶対的なプロジェクトでは、スケジュール・ベースラインの監視・コントロールを、さらに強く意識しなければなりません。

□ **7.6** **プロジェクトを終結する**

　プロジェクトの終結プロセス群では、立上げ段階で定めたプロジェクトの目的を達成したことを確認して、今回のプロジェクトマネジメントを通じて得られた教訓を今後のプロジェクトのために残し、そのうえで、すべてのプロセスを終了します（6.2（1）**統合マネジメント＞プロジェクトやフェーズの終結**）。

（1）　事後の振り返りを今後の教訓として残す

　今日は第一志望の国立 T 大学薬学部の合格発表の日です。進学指導室で生徒からの報告を待つ C 堂先生がいます。そこへ、A 介君が頬を紅潮気味にして飛び込んできました。

　A 介君：C 堂先生、やりました！ 合格です！ 国立 T 大学薬学部に合格しました！

　C 堂先生：そうか！ おめでとう。お父さんやお母さんもさぞ、お喜びだろう。

　A 介君：はい、両親も祖父も大喜びでした。ご指導ありがとうございました。

　C 堂先生：A 介君のがんばりの結果だよ。ここで、大切なのは、そのがんばりを振り返って教訓として残すことだよ。A 介君が薬剤師になるまでには薬剤師国家試験に合格しないといけないからね。今回の薬学部合格プロジェクトの経験がまた役立つのだよ。

　A 介君：分かりました。教訓はどのように残せばいいのですか。

　C 堂先生：プロジェクトの教訓は、表7-5のような教訓シートに残せばいいよ。今後のプロジェクトでも、貴重な参考資料としてきっと役に立つからね。

　教訓シートは誰でもわかるフォームにまとめます。さらに、使いやすいように取り出しやすい形式で保管します。表7-5の例では、カテゴリーに *PMBOK® Guide* の知識エリアを用いて、得られた教訓を分類しています。

表 7-5　プロジェクトを振り返る教訓シートの例

カテゴリー	うまくいった点	うまくいかなかった点	改善点

☐ **7.7** エピローグ— プロジェクトマネジメント手法で未来を継ぐ

　A介君が国立T大学薬学部に現役合格を果たしてから20年の年月が過ぎました。A介君は、国立T大学医学部付属病院で病棟薬剤師の経験を6年積んだのち、大手チェーンの調剤薬局に転職しました。今では管理薬剤師として店舗運営を任されています。

　薬剤師国家試験も研修認定薬剤師や緩和薬物療法認定薬剤師もプロジェクトマネジメント手法により見事合格できました。病棟薬剤師の当時は、多職種連携による栄養サポートや緩和ケアのチーム医療に参加しました。ここでも、A介君はプロジェクトマネジメント手法を応用して、効果的な医療サービスの提供につなげました。

　実家の両親も歳をとりました。経営環境が厳しさが増すなか、今も薬局を守り続けている父、そして現役の薬剤師を続けている母も、そろそろA介君に実家に戻ってほしいようです。A介君も実家の薬局を引き継ぐ日を意識している今日この頃です。

　A介君には夢があります。それは、薬剤師だからこそできる地域包括ケアへの参画があるとの想いです。父が育てた地域とのつながりを引き継ぎ、さらに大きく花開かせたいのです。そのために健康サポート薬局となり、かかりつけ薬剤師の役割強化や訪問薬剤師サービスの開始を考えています。近隣病院の地域連携室と協力し、在宅医療を手掛ける診療所や訪問看護ステーション、訪問介護事業所と連携した地域医療介護連携ネットワークを構想しているのです。

　地域医療介護連携において多施設間連携がうまく機能するかは、A介君にとっての大きな気がかりです。しかし、プロジェクトマネジメント手法と、チーム医療で身につけた多職種連携のノウハウを応用すれば、それも乗りこえられると思えてきます。かえってワクワクしてしまうA介君なのでした。

これからの教育現場

第**8**章

　国際標準プロジェクトマネジメント手法は、教育現場においても親和性があり、かつ有用であることを理解してもらえたと思います。そして、プロジェクトマネジメント手法を実戦で活用して教育成果を上げるための具体的な使用法を、第7章に事例として示しました。

　現在の教育現場の最大の問題は「中等・高等教育における生徒・学生の学力の低下」でしょう。これは少子化と相まって、国家的な課題になっています。しかし、ただ単に、学生に「学力を上げろ」と言っても、学力は上がりません。まず、学生が自分から学力の向上を望み、目的をもつことが第1段階でしょう。次に、その目的を達成するために、計画を立てる。これが第2段階。そして、計画を実行することによって、確かに成績が上がる。これが第3段階。そして、限られた期間内に自分の目的を達成する、ということになります。これらのどの段階が欠けても「成功」には到達しません。

　うまくいかない場合、どこに問題が生じているのか、表層的な分析ではなく、「真の問題点」にまで至ることができるように、踏み込んだ深掘りをすることが必要です。第1段階を越えられなかった大学生の場合、「勉強しなくても、バイトか何かして生きていけます」という答えをよく聞きます。目的を持たない、プロジェクトマネジメント以前の状態です。そもそも、何かの「目的」がなければ、プロジェクト自体が発生しません。そして、そうした学生は「やる気がない」と、そのまま放置されます。それでは残念ですし、国家的な損失でもあります。

　もし、こうした学生に、プロジェクトマネジメントの一部でもうまく伝えることができたら、それが契機になり、「じゃあ、この手法を使って、何か計画してみるか」と、その手法を使うこと自体が「目的」になってもいいかもしれません。あるいは、「プロジェクトマネジャー」というかっこいい響きの職業があるらしい。ちょっと調べてみるか。という契機でもいい。ほんの小さな「目的」でもあれば、そこにプロジェクトマネジメントの一手を注ぎ込むことができます。目的が具体的に見えてくれば、その実行計画を立てるのはわりと楽しいこと

です。そうすれば、第2段階に進むことができます。

　プロジェクトへの動機づけができれば、次にやるべきは、第2段階の「計画」です。実現可能な計画をいかに立てるかに注力します。わかりやすく実践的な計画の立て方の知識があれば、学生は第2段階を突破できます。あるいは、教員が作業分解の方法を知っていて、学生にアドバイスできれば、学生は具体的で実行可能な計画を立てることができるようになります。完全に第2段階クリアです。

　自分で作業分解して実行計画を作ったら、あとはそれに従って、作業を実行するだけです。何をすればいか既に明確になっていますので、学生はきっと実行できるでしょう。そして計画通りにものごとを進めることができたという達成感は、結果の達成感とはまた別のものを得ることができます。そのうえ、結果としても何かが目の前にできあがっていく。充実感でいっぱいです。第3段階は完全にクリアです。

　計画を練って、実行し、結果を得るところまでの一連の体験をすることは、社会の中で自分を支えるひとつの力となります。学生のみなさんには、どうぞ、失敗を恐れず、計画とその実行に力を注いでくだされればと思います。

　ここで、まだ解決していない、一つの重要な課題があります。それは、教育プロジェクトのプロジェクトマネジャーを誰がやるか、という課題です。本書の中のある部分では、「学生本人にプロジェクトマネジャーをやらせて、教員はPMOとして支援に当たる」と書きました。またあるところでは、「何も知らない学生にはプロジェクトマネジャーの役割は難しいから、教員か予備校の講師がプロジェクトマネジャーの役割をした方が、成果が上がる」とも記述しました。

　いずれの場合も、学生がプロジェクトオーナーとして、目的を明確に持つところから出発しますが、プロジェクトマネジャーを誰が担当するのがいいか、整理してみましょう。

1）　学生がプロジェクトマネジャーをする場合

　学生がプロジェクトオーナーとプロジェクトマネジャーを兼務する形になります。

　学生は、プロジェクトマネジメント知識をしっかり習得する必要があります。実践レベルの知識と技術が求められますが、網羅的である必要はなく、特に本書で述べた部分を中心に、実行する範囲においてだけで構いません。

　学生は自分のプロジェクトをマネジメントできるので、自力で試行錯誤したい人や、自力で達成感を得たい人、計画的に進めることが性に合っている人には向いているかもしれませ

ん。しかし、目的が受験や資格取得の教育プロジェクトの場合は、呑気なことを言ってはいられません。教員等で構成するプロジェクトの支援体制（たとえばPMO）を整え、学生のプロジェクトマネジャーを支援することが重要になります。

2）　教員がプロジェクトマネジャーになる場合

プロジェクトマネジャーには辣腕の教員がなります。

プロジェクトオーナー（学生）とプロジェクトマネジャー（教員）を中心に、プロジェクトチーム（他に関連する教員等）の中でステークホルダー間のコミュニケーションがしっかりとれる仕組みが重要になります。

プロジェクトオーナーである学生のデータをプロジェクトチーム内で共有できる仕組み（病院の電子カルテに相当）がしっかりしていなければなりません。ステークホルダー間で、学生のデータがリアルタイムに共有できるような情報インフラが必須になってきます。現在はこうした教育プロジェクトに特化した電子カルテのようなシステムは、一般には未だ販売されていないと思います。早急に、電子カルテに相当する「学生カルテ」を構築・導入する必要が出てきます。教員側には、プロジェクトマネジメントの方法論を駆使できる辣腕さと、プロジェクトマネジャーの備えるマインドを必要とします。

一方、この場合は学生のプロジェクトマネジメント知識については実践レベルである必要はありませんので、プロジェクトマネジャーを信頼して、本業の勉強に専念できます。この形態の場合は、教員にかかる負担が大きくなります。学生の数だけプロジェクトを抱えて走るわけですから、教員に対する支援体制も重要になってきます。教員はちょうど医療現場の主治医に相当します。

第5章で述べたように、患者情報を共有する電子カルテに相当する「学生カルテ」の開発・導入が今後の成功の鍵になるでしょう。教育はプロジェクトである、という全学的な意識改革と、情報共有のためのインフラ開発・導入という全学的な取り組みが必要になります。

この章を読んでいただいて、誰がプロジェクトマネジャーをするかという重要な課題については、読者のみなさんにお任せしたいと思います。なぜなら、この本を読んでくださっている方が、高校の教師か、大学の教員か、あるいは中学、高校の生徒かもしれないからです。それぞれの立場で、今後どのように取り組み、どのように解決していくかという視点からプロジェクトマネジメントを利用していただければよいと思います。そして、どの形態をとるにせよ、教育プロジェクトマネジメントによる「成果」を手にしていただければ、我々著者として、そ

れ以上に嬉しいことはありません。

　教育にたずさわる方の思いと、ゴールに向かう学生の意欲と、保護者の全幅の信頼との３つの条件がプロジェクトの前提条件として揃えば、教育プロジェクト遂行の力強い推進力になり、大きな成果を手にすることができるに違いありません。

　この、ささやかな本が、そのお手伝いになれますように……、我々からの、熱意と心のこもったメッセージとして受け取っていただけると幸いです。

索　引

[編者紹介]

PMI 日本支部関西ブランチ医療プロジェクトマネジメント研究会

　PMI 日本支部内に 2010 年 4 月に誕生、医療業界だけでなく、広い業界からプロジェクトマネジャーを集め、多業種の視点で医療プロジェクトマネジメントの特徴を明らかにしつつ、医療にふさわしいプロジェクトマネジメントの形を研究している。医療情報システム開発・導入プロジェクトの実践的研究から開始し、現在は臨床研究・治験などのプロジェクトマネジメントにも研究領域を拡大している。

　2014 年『医療プロジェクトマネジメント～医療を変える国際標準マネジメント手法～ 』(篠原出版新社) を出版。

川崎医療福祉大学医療秘書学科・同大学院

　PMI 日本支部のアカデミックスポンサーとして認定を受けている、国際標準に準拠したプロジェクトマネジメント教育の取り組みを行っている。

[執筆者紹介] (執筆順)

宮原　勅治　(みやはら　ときはる)　Dr@miyahara.surgery

PMI 日本支部医療プロジェクトマネジメント研究会代表、PMI 日本支部関西ブランチ副代表

京都大学大学院医学研究科外科系専攻修了、神戸大学大学院経営学研究科修了

川崎医療福祉大学医療福祉経営学科教授・学科長、医療秘書学科教授、医療情報学科教授

川崎医科大学医療資料学准教授、川崎医科大学附属病院医療資料部副部長

医学博士、MBA、IT コーディネータ、医業経営コンサルタント、上級医療情報技師ほか。

監修・翻訳『EHR 実践マニュアル』(篠原出版新社)、共著『入門医業経営指標』(JAHMC) ほか多数

杣谷　正子　(そまや　まさこ)

　2006 年名古屋市立大学大学院芸術工学研究科博士前期課程修了。流通・製造分野の設計・開発、大手ベンダーの電子カルテシステムの展開・運用に従事。2006 年より株式会社アイ・ティ・イノベーションに在籍し、PMO 支援に携わる。PMI 日本支部会員、日本社会福祉学会会員。第一種情報処理技術者、アプリケーションエンジニア、日本メンタルヘルス協会認定心理カウンセラー

岡橋　正明　(おかはし　まさあき)　masaaki@okahashi-ip.com

　1986 年近畿大学農学部農芸化学科卒業、大手外資系製薬会社 MR、大手外資系製薬会社 CRA、大手内資系製薬会社プロジェクトマネジャー、プログラムリーダーを経て、内資系 CRO 臨床開発部グループマネジャー、PMI 日本支部会員、第二種情報処理技術者

川崎医療福祉大学大学院医療秘書学専攻　非常勤講師

澤　伸夫　(さわ　のぶお)

　1986 年大阪電気通信大学工学部経営工学科卒業。販売管理システム、製造管理システムのシステム導入プロジェクトに従事したのち、医療事務システム、オーダエントリーシステム、電子カルテシステム等の医療情報システム構築のプロジェクトに従事。現在は NEC ソリューションイノベータ (株) に所属し医療情報システムのプロジェクトマネジメントに従事。PMI 日本支部会員、関西医療情報技師会世話人、PMP、上級医療情報技師。

山口　雅和　（やまぐち　まさかず）　masakazy@so-hatsu.net

　　東海大学海洋学部海洋工学科卒業、兵庫県立大学応用情報科学研究科博士前期課程在学、人工衛星や飛翔体誘導のソフトウェア開発、システムエンジニア、マーケティング、PMO を経て、医療ソリューションの市場開発に従事しながら、日々創発 so-hatsu.net を開業、プロジェクトマネジメント手法を主に用いた組織開発および人材育成の支援、助言、教育に注力している。日々創発 so-hatsu.net 代表、ISACA 大阪支部理事、PMIJ 医療プロジェクトマネジメント研究会、ビジネスアナリシス関西研究会メンバー。PMP、CISA、IT コーディネータ、医療情報技師、共著に『IT 内部監査人』（生産性出版 2010 年）

山本　智子　（やまもと　ともこ）　t-yama@mw.kawasaki-m.ac.jp

　　2010 年岡山大学大学院社会文化科学研究科博士前期課程修了。川崎医科大学附属病院の医事業務に従事したのち、川崎医療短期大学医療秘書科助手、講師を経て、現在は川崎医療福祉大学医療福祉マネジメント学部医療秘書学科教授。PMI 日本支部会員、医業経営コンサルタント、博士（医療情報学）

　　なお、前原有美子が川崎医療福祉大学医療秘書学専攻大学院生時に、医療プロジェクトマネジメント研究会員として当研究に参加した。

教育プロジェクトマネジメント
教育を変える国際標準マネジメント手法

2017 年 7 月 20 日　初版第 1 刷発行

■共 編 者───PMI 日本支部関西ブランチ医療プロジェクトマネジメント研究会
　　　　　　　　川崎医療福祉大学　医療秘書学科・大学院
■発 行 者───佐藤　守
■発 行 所───株式会社 大学教育出版
　　　　　　　〒 700-0953　岡山市南区西市 855-4
　　　　　　　電話（086）244-1268　FAX（086）246-0294
■印刷製本───モリモト印刷㈱

ISBN978 − 4 − 86429 − 461 − 4